DANIEL FEHRING

FASZINATION FOREX

MIT PROFI-TRADER DANIEL FEHRING
DEN DEVISENHANDEL ERFAHREN, VERSTEHEN
UND BEHERRSCHEN

Gestaltung und Satz: Martina Köhler, Börsenbuchverlag
Lektorat: Claus Rosenkranz
Druck: Bercker Grafischer Betrieb GmbH & Co. KG

ISBN 978-3-941493-76-6

Bibliografische Information der Deutschen Nationalbibliothek:
Die Deutsche Nationalbibliothek verzeichnet diese Publikation in der Deutschen Nationalbibliografie; detaillierte bibliografische Daten sind im Internet über <http://dnb.d-nb.de> abrufbar.

BÖRSEN MEDIEN
AKTIENGESELLSCHAFT

Postfach 1449 • 95305 Kulmbach
Tel: 09221-9051-0 • Fax: 09221-9051-4444
E-Mail: buecher@boersenmedien.de
www.boersenbuchverlag.de

Was bewegt einen professionellen Forex-Händler, ein Buch über den Devisenmarkt für Einsteiger und Fortgeschrittene zu schreiben? Nun, mich haben zwei Dinge angetrieben, dieses Buch zu schreiben.

Zum einen musste ich mir etwas von der Seele schreiben. Ich war an einem Punkt in meinem Leben angelangt, an dem ich meinem Ärger und auch meiner Enttäuschung über die Machenschaften und die teils hinterhältigen Charaktere in der Finanzbranche Luft machen musste. Ich ziehe daher mit meinen 44 Jahren eine Art Zwischenbilanz.

Außerdem gebe ich Antworten auf die Fragen: Was ist mir gelungen, was ist mir bisher nicht gelungen, warum ist es mir nicht gelungen? All dies finden Sie in meiner ausführlichen autobiografischen Skizze, dem vierten Teil dieses Buchs. Für alle, die wissen wollen: „Was für ein Mensch steckt hinter diesem Profi-Trader Fehring?", empfehle ich also die Lektüre meiner doch sehr „volatilen" Vita: Vom Fallschirmspringer bei der Bundeswehr zum Market Maker beim größten Maklerhaus der 90er-Jahre, vom erfolgreichen Vermögensverwalter zu einem harmoniebedürftigen Menschen, der nach mehreren privaten und beruflichen Tiefschlägen immer wieder aufgestanden ist. Einer, den von Anfang an eines ausgezeichnet hat: große Leidenschaft für den aktiven Handel von und mit Wertpapieren und insbesondere in den vergangenen zehn Jahren für das aktive und aggressive Forex-Trading.

Doch bevor Sie jetzt aussteigen und das Buch weglegen, halten Sie bitte noch sechs Zeilen durch. Glauben Sie bitte nicht: „Da schreibt jetzt wieder einer darüber, wie toll er ist und unter welch schwierigen Umständen er an den Märkten zum Wohlhabenden geworden ist!"

VORWORT

INHALT

Weit gefehlt, der autobiografische Teil, der zugegebenermaßen recht umfangreich ausgefallen ist, war für mich eine Therapie und ist sicherlich für einige von Ihnen spannend zu lesen.
Doch im Hauptteil, sprich dem ersten Teil meines Buchs, geht es ausschließlich um Hard Facts; harte Fakten rund um das erfolgreiche Handeln mit Euro, Dollar, Yen und Co.
Denn das ist der zweite Grund, warum ich ein Buch über die Forex geschrieben habe: Ich finde die Bücher, die bisher zum Thema Devisen erschienen sind, zu praxisfern. Man merkt – ohne jemandem persönlich zu nahe treten zu wollen –, dass die Autoren gute Autodidakten sind und ihr Wissen gut vermitteln können. Die meisten Bücher über Devisen sind jedoch eben nicht von Leuten geschrieben, die mit dem Forex-Handel ihr „täglich Brot" verdienen – sei es nun ihr eigenes oder auch das ihrer Kunden.
Das große Manko der verfügbaren Forex-Literatur ist meiner Meinung nach, dass sich die Leser nach der Lektüre fragen: „Und jetzt?" Sicher erfahren Sie in meinem Buch auch etwas über die unverzichtbaren Grundlagen, ohne die Sie als Forex-Trader hoffnungslos untergehen werden. Sie müssen schließlich wissen, was Sie wie und warum handeln.
Doch im zweiten Teil gebe ich Ihnen auch zwei erfolgserprobte und vielfach bewährte Handelskonzepte an die Hand. Es sind auf Indikatoren basierende Werkzeuge, mit denen Sie die Märkte beherrschen und regelmäßig Gewinne aus den Wechselkursen von US-Dollar, Euro oder auch Australischem Dollar ziehen können. Unter einer Voraussetzung, und das ist das Wichtigste überhaupt: Sie müssen sich an die von mir präsentierten Money- und Risikomanagement-Regeln in diesem Buch *unbedingt* halten.

Mein Tipp: Probieren Sie es doch einfach mal aus. Legen Sie sich einen Demo-Account bei einem Devisenbroker zu, richten Sie sich das beschriebene Indikatoren-Setting ein und handeln Sie mit Spielgeld drauflos. Sie werden bald merken, wie wertvoll die Informationen in diesem Buch sind. Sie sind bares Geld wert.

Viel Spaß bei der Lektüre wünscht Ihnen Ihr

Daniel Fehring

PS: Sollten Sie nach der Lektüre noch Fragen oder Anmerkungen haben, dann scheuen Sie sich bitte nicht, mir zu schreiben: danielfehring1@gmail.com ist meine E-Mail-Adresse. Und denken Sie immer daran: Es gibt keine dummen Fragen, es gibt nur dumme Antworten!

I.

FASZINATION FOREX – DIE FAKTEN

Schlüsselfaktoren für Ihren Tradingerfolg

Bevor wir loslegen mit den Feinheiten der Forex (Kurzform für Foreign Exchange, übersetzt: Devisenhandel), sollten wir ein paar Grundlagen schaffen. Sicherlich denken jetzt einige von Ihnen: „Kaum geht es los, schon bremst er gleich wieder". Doch glauben Sie mir, auf der Grundlage meiner mittlerweile jahrzehntelangen Erfahrung als Trader und als Coach für angehende Devisenhändler kann ich den Punkt der richtigen Vorbereitung nicht stark genug betonen. Mitunter sind regelrechte Devisen-Talente an „Kleinigkeiten" wie der richtigen Vorbereitung oder der geeigneten Hard- und Software zugrunde gegangen. Schließlich ist es mein Hauptanliegen, Sie für den Forex-Handel zu begeistern und Sie vor dem Worst-Case-Szenario zu bewahren. Nämlich der Situation, in der Ihr Broker „Tilt" sagt und den Margin Call ausspricht. Wenn dieser Fall eintritt, bleiben Ihnen meist noch ein paar Prozent von Ihrem Kapital, aber der Verlust ist bitter. Sie sollten eine solche Situation unbedingt vermeiden.

Meine erste Lektion für Sie: Erfolgreiches Handeln fängt zwischen den Ohren an. Damit ist nicht nur das umfangreiche Wissen über wirtschaftliche Zusammenhänge und deren Einfluss auf die Märkte gemeint, sondern vielmehr eine gesunde Selbsteinschätzung. Fragen Sie sich stets: Was kann ich und wo liegen meine Schwächen? Wenn ich mich selbst einschätzen kann, dann habe ich auch die Möglichkeit, mich im Markt richtig zu positionieren.

Mit anderen Worten: Wenn der Feldherr weiß, wo er verwundbar ist, kann er seine Soldaten an der richtigen Stelle postieren. Er kann die Schwächen bei seiner Vorgehensweise

berücksichtigen und eliminieren. Seien Sie daher ehrlich zu sich selbst. Davon werden Sie definitiv profitieren.
Und dies gilt für das normale Leben genauso wie auch für das Trading. Kleines Beispiel: Wenn Sie wissen, dass Sie gerne einmal mit dem Kopf durch die Wand wollen, dann passen Sie Ihr Trading an diese – nennen wir es einmal liebenswürdige Eigenheit – an. In einem solchen Fall verhindern erfahrene Trader zum Beispiel durch enge Stopps oder das Verbot des sogenannten Verbilligens (das bedeutet, dass sie Positionen vergrößern, wenn diese ins Minus gelaufen sind), dass ihr Ego ihnen das Konto leert.
Mit einer realistischen Einschätzung Ihrer Stärken und Schwächen haben Sie bereits einen guten Grundstein gelegt – und zwar für alle Lebensbereiche.

Mentale und technische Voraussetzungen

Eine sehr wichtige Grundlage sind Ihre EDV-Kenntnisse. Dieser Faktor wird meist erheblich unterschätzt. Der Großteil meiner Kunden ist in einer Zeit aufgewachsen, in der das Wort Computer noch nicht sonderlich großgeschrieben wurde.
Meine Kinder hingegen lernen heutzutage in der Schule, mit den modernen Medien spielerisch umzugehen. Meine Generation musste und muss sich alles selbst beibringen. Wenn Sie sich aber in der computerisierten Handelswelt tummeln wollen, müssen Sie fit auf diesem Gebiet sein.
Es reicht schon, wenn wir gegen die Großen am Markt kämpfen sollen, dann benötigen wir nicht auch noch die Technik als Gegner. Dies wirkt sich nämlich speziell in den Situationen aus,

in denen Sie ohnehin unter Druck stehen. Dann herrscht Murphys Gesetz, wonach alles, was schiefgehen kann, auch schiefgehen wird.

Deshalb müssen Sie Ihre Handelssoftware aus dem Effeff beherrschen. Alle, die Ihnen erzählen, eine Handelssoftware sei selbsterklärend und supereinfach und überhaupt könne jeder Forex, die lügen. Wenn Sie sich selbst nicht wohlfühlen im Umgang mit etwas komplexerer Software, muss ich Ihnen ganz offen sagen: Für Sie wird es schwierig werden am schnellsten Markt der Welt (dem Devisenmarkt).

Doch nicht umsonst hat jeder von Ihnen die Chance, sich mit entsprechenden Demoversionen von den verschiedensten FX-Brokern kostenlos und unverbindlich einzuarbeiten.

Gleich vorab: Die meisten Einsteiger setzen sich selbst unnötig stark unter zeitlichen Druck. Geben Sie sich selbst Zeit. Prinzipiell sollten Sie aber beim Einstudieren von neuen Handelstechniken nach mindestens 20 Handelstagen mit mindestens 30 Trades auf Ihrem Demoaccount im positiven Bereich liegen. Wenn nicht, muss an den Stellschrauben Ihres Handelssystems oder an Ihrer Einstellung etwas feinjustiert werden.

Und auch das gehört dazu: Sie werden sich immer wieder selbst analysieren müssen. Glauben Sie mir, sogar ein Profi kommt darum nicht herum. Ich habe mir das eine oder andere Mal gewünscht, ich wäre von dieser Aufgabe befreit. Meine Erfahrung hat mich jedoch gelehrt, dass man ohne Selbstanalyse nicht erfolgreich traden kann.

Auch und gerade als professioneller Händler müssen Sie sich regelmäßig neu erfinden. Schließlich kommt das Wort Händler von „Handeln“. Sie können mir jedoch eines glauben: Wenn Sie erst einmal Feuer gefangen haben und merken, dass Sie mit

Ihren Handelsaktivitäten eine kontinuierlich positive Kapitalkurve erreichen, werden Sie gern bereit sein, immer wieder Dinge auszuprobieren, neue Indikatoren zu testen und im Austausch mit anderen zu neuen Handelsansätzen zu gelangen.

Lassen Sie mich in diesem Zusammenhang eine kleine Anekdote erzählen. Ein Telefonat hat mich einst sehr nachdenklich gemacht. Ich unterhielt mich längere Zeit mit einem Abonnenten einer meiner Informationsdienste. In den meisten Fällen werden wir nur angerufen, wenn ein konkreter Ratschlag gefragt ist. Um fundierte Ratschläge erteilen zu können, benötige ich immer so viele Informationen vom Kunden wie möglich. Daher fragte ich meinen Telefonpartner gerade über dessen Handelsmotivation aus. Die Antwort, die ich zu hören bekam, war erstaunlich. Er teilte mir mit, dass er finanziell auf den Handel nicht angewiesen sei, sondern dass ihn am Devisenhandel die Spannung und die Vielseitigkeit sehr reize. Da sich besagter Herr schon im Ruhestand befand, sah er die ganze Sache nur noch als schöne Freizeitbeschäftigung an.

Warum erzähle ich Ihnen das? Ich will Ihnen nur vermitteln, wie unterschiedlich die Motivationen und Charaktere sein können, die Sie an den Märkten antreffen.

Doch was für ein Charakter sind Sie? Das ist eine entscheidende Frage. Möchten Sie in Zukunft von Ihrem Handeln leben, gar Frau und Kind(er) davon ernähren? Oder sind Sie eher der engagierte Laie, der nach Feierabend noch ein bisschen Handels-Action haben will? Genau aus dieser Typisierung leiten sich unterschiedliche Vorgehensweisen und Handelsansätze ab.

Wie können Sie beispielsweise handeln, wenn Sie Ihre Frau und drei Kinder zu ernähren haben? In diesem Fall, in dem Sie eventuell von der Forex leben wollen beziehungsweise müssen,

ist jeder Tagesverlust mehr als schmerzlich. Die Rechnungen stapeln sich auf Ihrem Schreibtisch und die Miete will auch bezahlt werden.
Dann stellt sich noch die Frage, wie stark Ihre Kapitaldecke ist. Handeln Sie mit dem sogenannten Spielgeld oder sind Sie mit Ihrer Altersversorgung im Markt positioniert? Der Druck darf Sie nicht überfordern. Außerdem ist man psychisch und physisch nicht immer auf der Höhe. Gerade diejenigen, die auf die Forex-Gewinne angewiesen sind, sollten bedenken: Es bedarf nur einer kurzen Nacht mit wenig Schlaf oder einer Erkältung, die uns ein wenig aus dem Gleichgewicht bringt, schon gerät Ihr Trading aus dem Gleichgewicht.
In anderen Berufszweigen wirken sich solche Faktoren nicht so stark aus. Aber glauben Sie mir: Eine heftige Diskussion mit dem Lebensgefährten oder ein Telefonat mit dem Finanzamt lenkt Sie in einem Maße ab, dass Trading-Fehler sehr oft vorprogrammiert sind. Wie können Sie erkennen, dass der Markt nicht im Gleichgewicht ist, wenn Sie es selbst auch nicht sind?
Wir wollen aber nicht allzu sehr schwarzmalen. Schließlich sind die meisten Menschen in der Lage, zwei Dinge gleichzeitig zu tun. Daher dürfen Sie die Sache auch nicht zu verbissen sehen. Haben Sie Spaß am Handeln. Den werden Sie aber nur haben, wenn Sie erfolgreich sind. Erfolgreich können Sie nur sein, wenn Sie besser sind als andere Händler. Dies können Sie nur sein, wenn Ihr persönliches Handelssystem besser ist als andere. Ein solches können Sie einzig und alleine für sich selbst entwickeln. Einen konkreten Vorschlag dazu mache ich weiter unten.

Fazit: Ich habe bewusst einige warnende Punkte an den Anfang gestellt, über die Sie sich im Klaren sein sollten, bevor Sie sich auf das virtuelle Devisen-Parkett begeben. In den nächsten Kapiteln erfahren Sie jedoch so viel Positives über den Forex-Markt, dass man Sie sehr wahrscheinlich kaum bremsen kann. Deshalb löse ich jetzt gleich die Handbremse. Im Einzelnen möchte ich Sie jedoch noch einmal dezidiert auf einige Voraussetzungen aufmerksam machen, die erfüllt sein müssen, bevor Sie wirklich live und mit echtem Geld Devisen handeln.

In unseren Seminaren haben wir allen Teilnehmern stets einen Legobaukasten mit nach Hause gegeben. Wie die Steine zusammengesetzt werden, muss jeder für sich entscheiden. Jeder Händler ist anders. Um herauszufinden, welcher Weg der beste ist und mit welchen Mitteln er beschritten werden kann, sind Sie mit Ihrer Selbsteinschätzung gefragt.
Jetzt geht die Arbeit erst richtig los. Wir kapitalisieren unser Konto, bauen uns ein perfektes Setup und bereiten uns auf den ersten Trading-Tag vor.

Was passiert eigentlich beim Devisenhandel?

Neulingen wird der Devisenhandel anfangs sehr künstlich, ja fast abstrakt vorkommen. Geschäfte werden nicht wie früher von Angesicht zu Angesicht abgewickelt. Das hat Vor-, aber auch Nachteile. Der Handel ist sehr synthetisch und unheimlich schnell. Bei vielen Forex-Brokern ist Ihre Order bereits mit nur einem Mausklick durch. Im Hintergrund laufen jedoch viele kleine Prozesse ab. Diese Prozesse möchte ich Ihnen näherbringen, da sie das Grundverständnis für diesen faszinierenden Markt erhöhen.

Ihr Broker stellt Ihnen auf seiner Handelsplattform fortlaufend handelbare Kurse. Wie kommen diese Kurse zustande? Jeder einzelne Kurs ist eine Mixtur aus der Orderlage Ihres Brokers und dem großen Interbankenhandel. Viele Broker routen Ihre Order nicht eins zu eins in den Bankenhandel weiter, sondern „matchen" Ihre Order mit einer anderen Order eines anderen Kunden. Das ist natürlich das beste Geschäft für den Broker, da er so den Spread beide Male für sich allein einstreicht.

Schauen wir uns ein Beispiel an: Sie wollen per Mausklick 100.000 EUR gegen den USD bei 1,3550 verkaufen. Zugleich möchte ein anderer Kunde 70.000 EUR bei 1,3550 kaufen. Dann matched Ihr Broker diese 70.000 EUR mit Ihren 100.000 EUR, aber es bleibt eine Differenz von 30.000 EUR. Jetzt folgt ein ganz wichtiger Punkt. In Händlerkreisen nennt man es „ein eigenes ‚Buch' fahren". Das bedeutet, der Broker hält seine eigenen Positionen. Hat Ihr Broker Bankenstatus, ist er dazu berechtigt.

Wie verfährt Ihr Broker nun mit dieser Position von 30.000 EUR? Behält er sie oder gibt er die Differenz in den Interbankenhandel weiter? Das liegt in der Regel im Ermessen jedes einzelnen Händlers Ihres Brokers (zumindest wenn er seinen gesteckten Rahmen im Bezug auf sein Buchvolumen beachtet). Dafür übrigens sind Händler da, unter anderem auch die, die Sie von der Berichterstattung live vom Frankfurter Parkett kennen. Händler bringen nicht nur Käufer und Verkäufer zusammen. Sie treffen auch sekundenschnell für das Unternehmen die Entscheidung, ob sie eine Position auf Buch nehmen, um damit Gewinne zu machen, oder ob sie die Buch-Orders unmittelbar weitergeben.

Häufig wird es so gehandhabt, dass vom Risiko der Position ein paar Pips die Chance gegeben wird. Das Geschäft eines Brokers

ist prinzipiell ziemlich leicht oder man könnte auch neudeutsch sagen: Easy Money. Nehmen wir an, der Broker stellt Kurse in EUR/USD mit zwei Pips Spread (Differenz zwischen Kauf- und Verkaufskurs). Ein Pip entspricht der kleinstmöglichen handelbaren Einheit im Devisenhandel, also der allerletzten Nachkommastelle in einer Währung.
In unserem Beispiel hat der Händler beziehungsweise sein Broker zwei Pips, die er vom Verkäufer, und zwei Pips, die er vom Käufer als Marge bekommt, bereits sicher. Umgekehrt heißt das, dass er vier Pips Bewegung auf Buch nimmt, bevor er selbst wirklich im eigenen Risiko ist. Dies ist jetzt sehr vereinfacht dargestellt, aber es verdeutlicht Ihnen das grundlegende Prinzip.
Broker, die keinen Bankenstatus besitzen, müssen sämtliche Orders unmittelbar weiterleiten. Dieser Brokertyp wird auch „Whitelabel Partner" genannt. Sie sind per Gesetz dazu verpflichtet, mit einem größeren Brokerhaus zusammenzuarbeiten.

Gewinn und Verlust – Beispiele aus der Praxis

Kommen wir zu einem Rechenbeispiel, damit Sie verstehen, wie sich eigentlich ein Handelsgewinn errechnet oder wie ein Verlust entsteht. Und Sie werden sehen, dass bereits ein Pip, also die kleinstmögliche Einheit, gutes Geld ausmachen kann.
Gehen wir wieder vom vorherigen Beispiel aus. Angenommen, Sie verkaufen 100.000 EUR gegen den USD bei 1,3550, Sie shorten also den Euro gegen den US-Dollar. Hier die angenommenen sowie die sich daraus ergebenden Parameter unseres Beispiels:

Kapital (angenommen):	€ 10.000,--
Hebel:	1:10
Handelssumme (angenommen):	€ 100.000,--

Trade:

Verkauf EUR/USD bei (angenommen):	1,3550 **US-Dollar**

Rechnung:

Order:	100.000 EUR x 1,3550 = 135.500 **USD**
Glattstellen des Trades:	nach 40 Pips bei 1,3510
Handels-Bilanz:	135.500 USD / 1,3510 = € 100.296
Ihr Gewinn:	€ 296,--

Die Rechnung pro einzelnem Pip:

100.000 USD x 0,0001 =	10 USD/Pip
10 USD : 1,3510 =	€ 7,40
€ 7,40 x 40 Pips =	€ 296,--
Gewinn, bezogen auf das Handelsvolumen:	2,96 %

Das klingt alles recht ordentlich. Aber nach dieser schönen Rechnung muss ich gleich eine Warnung aussprechen. Das Ganze kann natürlich auch in die entgegengesetzte Richtung, in den Verlust laufen. Daher ist das Thema Money-Management bei der Forex auch so elementar und wichtig. Gehen zwei Trades in dieser Form nicht auf, dann verlieren Sie bereits bei einem verhältnismäßig konservativen Hebel von 10 knapp sechs Prozent Ihres Kapitals.

Das ist zwar schnell wieder aufgeholt, aber für einen unerfahrenen Trader setzt der Psychodruck in einer solchen Situation bereits ein. Es gibt nur wenige Trader, die nach einer Verlustserie, auch „Drawdown-Periode“ genannt, unbeeindruckt weiterhandeln können. Deshalb dürfen wir es nicht so weit kommen lassen. Schaffen Sie sich mit einem zunächst noch kleinen Hebel durch kleine Positionsgrößen ein komfortables Polster und Handelssicherheit. Erst dann erhöhen Sie Schritt für Schritt den Hebel. Bei manchen Brokern werden Ihnen sogar Hebel von 400 ermöglicht.

Der Vollständigkeit halber wollen wir noch ein Beispiel auf der Long-Seite durchrechnen. Gehen wir von den gleichen Parametern aus, nur mit dem Unterschied, dass wir jetzt den EUR kaufen, also in Tradersprache long sind:

Eingesetztes Kapital:	€ 10.000,--
Hebel:	1:10
Kontogröße:	€ 100.000,--

Trade:

Ausgangskurs EUR/USD:	1,3550

Rechnung:

Kauf EUR gegen USD	100.000 USD / 1,3550 = € 73.800,74
Gewinnmitnahme:	nach 40 Pips bei 1,3590
Handels-Bilanz:	73.800,74 x 1,3590 = € 100.295,20
Gewinn:	€ 295,20
Gewinn bezogen auf das Konto:	2,95 %

Ich hoffe, Sie haben nach diesen zwei Beispielen ein Gefühl dafür bekommen, was es bedeutet, mit Hebeln zu handeln. Nochmals mein Appell an Sie: Werden Sie bitte nicht übermütig!

Jeder Händler hat gute Handelsphasen. Wir müssen, ohne dass wir das gedanklich verankern, aber auch mit unvermeidlichen Minus-Trades umgehen können. Gerade in politisch unsicheren Zeiten verhalten sich die Märkte oft irrational und unsere Indikatorenmodelle greifen in solchen Situationen kurzfristig nicht mehr. Langfristig kommt der Markt wieder ins Lot, aber Sie werden wahrscheinlich kurzfristig ausgestoppt. Das ist das Risiko beim kurzfristigen Trading.

Das Risiko- und Positionsmanagement

Ich möchte Sie dringend bitten, dieses Kapitel quasi auswendig zu lernen, bevor Sie mit richtigem Geld am Devisenmarkt agieren. Die folgenden Regeln sind einfach zu merken und absolut erfolgserprobt. Da über 70 Prozent aller Tradingneulinge bei ihren ersten Schritten scheitern, sprich ihr Tradingkonto vor die Wand fahren, sind die folgenden Leitsätze für Sie überlebenswichtig. Wenn Sie von Anfang an diese Grundsätze beherzigen, werden Sie immer erfolgreich sein und kontinuierlich Ihr Kapital vermehren.

Aus den oben genannten Beispielen folgt die wichtigste Trading-Regel überhaupt! Die Überlebens-Regel für alle Trader. Die Regel, die Trader von Zockern unterscheidet. Die nicht nur vor Verlusten schützt, sondern automatisch für Gewinne sorgt:

Die 0,5-Prozent-Regel

Pro Trade sollte Ihr Handelsrisiko nicht höher als bei 0,5 Prozent Ihrer Handelssumme liegen, also der Summe, mit der Sie Positionen eingehen.
0,5 Prozent von Ihrem Konto pro Einzelposition klingt natürlich nach ziemlich wenig. Da wir aber mit Hebeln im Markt agieren, werden Sie anhand des folgenden Beispiels erkennen, wie wichtig dieser Richtwert für Ihren konstanten Tradingerfolg ist. Gehen wir wieder von unserem alten Beispiel aus. Diesmal rechnen wir jedoch einen Verlusttrade durch. Also:

Kapital (angenommen):	€ 10.000,--
Hebel:	1:10
Handelssumme (angenommen):	€ 100.000,--

Trade:
Verkauf, also Short EUR/USD bei (angenommen): 1,3550 **USD**

Order:	100.000 EUR x 1,3550 = 135.500 USD
Glattstellen des Trades (Stop-Loss):	nach 40 Pips bei 1,3590
Handels-Bilanz:	135.500 USD / 1,3590 = € 99.705,67
Ihr Verlust:	€ 294,34

Dieser Verlust ist sehr gering im Verhältnis zu den 100.000 Euro, die Sie im Markt platziert haben. Sie leben aber nicht von der sogenannten Handelssumme, sondern von Ihrer Einlage, auch Margin genannt. Diese beträgt in unserem Fall € 10.000. Sie haben unglücklicherweise bei diesem Trade € 294,34 verloren. Deshalb beträgt Ihr Verlust in Prozent gerechnet 2,94 Prozent.

Berechnen wir den Verlust auf die Handelssumme, sprich auf € 100.000,--, dann ergibt sich nur ein Verlust von 0,29 Prozent. Das klingt nach nicht viel, bedeutet aber entweder 40 Pips oder 2,29 Prozent für Ihr Kapital.
Dieser Verlust ist absolut im Rahmen, weil er unter 0,5 Prozent der Handelssumme liegt. Zur Verdeutlichung schauen wir uns ein Beispiel mit dem Höchstwert von 0,5 Prozent an.

Rechnen wir einfach rückwärts:

0,5 % von € 100.000,-- = € 500,--

Aus der 0,5-Prozent-Regel folgt, dass Sie maximal einen Verlust von 500 € bezogen auf Ihr eingezahltes Kapital in Kauf nehmen dürfen. Rechne ich diese 0,5 Prozent von meinem Einstandskurs von 1,3550 US-Dollar aus, dann kommen Sie auf die maximale Anzahl von Pips, die Sie pro Trade verlieren dürfen. In unserem Beispiel liegt dieser maximale Verlust bei 50 Pips. Im Umkehrschluss heißt das, dass Sie Ihren Eingangsstopp auf gar keinen Fall weiter setzen dürfen als die besagten 50 Pips. Bei unserem Short-Beispiel läge der Stopp also maximal bei 1,3600 US-Dollar.
Da Sie jetzt Ihr maximales Risiko kennen, kommt das Risikomanagement ins Spiel. Sie sollten nach Trades suchen, die ein solches Risiko aufweisen. Ich werde Ihnen erklären, wie das geht.
Ich meine damit, dass Sie bei Ihren Trades darauf achten sollten, dass der jeweils aktuelle Kurs nicht deutlich weiter als knappe 0,5 Prozent von maßgeblichen Widerständen oder Unterstützungen entfernt ist.

Aus markttechnischer Sicht gibt es häufig Kurssituationen, die hervorragend und einladend aussehen. Aber, und das meine ich wirklich ernst, lassen Sie sich nicht von der Versuchung hinreißen. Glauben Sie mir, Sie werden einfach mehr Spaß und mehr Gewinn aus Trades ziehen, die mit Ihrem Money- und Risikomanagement in Einklang stehen. Das unterscheidet den Trader vom Zocker oder, wenn Sie so wollen, den mündigen Marktteilnehmer vom Kanonenfutter für die Großen.
Auf jeden Fall haben Sie nach diesen Zeilen einen neuen Freund gewonnen, nämlich Ihren Taschenrechner. Es ist sicherlich nicht nötig, alles auf den Cent genau auszurechnen, aber Ihre Handelssumme sollte immer ungefähr mit Ihrem Money-Management übereinstimmen.

Der Hebel

Eigentlich müsste für die oben angeführten Rechenbeispiele zuerst der Hebel besprochen werden. Ich habe ihn mit Absicht zurückgestellt. Denn für wirklich erfolgreiches Trading müssen mehrere Faktoren zusammenspielen. Money-Management, Risikomanagement, Margin und Hebel müssen harmonieren. Erst die Kombination dieser Faktoren macht Sie erfolgreich.
Ist Ihre Handelssumme im Verhältnis zu Ihrer Einlagensumme (Margin) zu hoch, dann ist das Risiko zu hoch. Ist das Risiko zu hoch, können Sie keinen vernünftigen Stop-Loss setzen. Ist der Stop-Loss zu weit weg, dann ist Ihr Kapital in Gefahr. Sie sehen, die Katze beißt sich immer wieder in den Schwanz, wenn an einer Stellschraube falsch gedreht wurde.

In den Rechenbeispielen gingen wir von einer Handelssumme von 100.000 Euro und von einer Kontogröße von 10.000 Euro aus. Der effektive Hebel kommt zustande aus dem Verhältnis zwischen genau diesen beiden Größen. Der Hebel multipliziert Ihr Konto zu der am Markt platzierten Handelssumme. In unserem Beispiel sind Sie also mit einem Hebel von 10 unterwegs. Sie errechnen den Hebel ganz einfach selbst, indem Sie die am Markt platzierte Handelssumme durch Ihre Kontogröße teilen:

Handelssumme € 100.000 / Kontogröße € 10.000 = Hebel 10

Achtung! Bitte lassen Sie sich nicht blenden. Viele Broker rechnen andersherum, und das ist in meinen Augen unmoralisch und unverantwortlich.
Dem Kunden wird vorgerechnet, wie hoch die momentane Marginauslastung im Verhältnis zur höchstmöglichen ist. Der Broker geht davon aus, dass Sie mit einem Hebel von 1:100 handeln können, aber nur ein Prozent in Anspruch genommen haben. Das sieht für den Händler sehr risikoarm aus, ist es aber in Wirklichkeit nicht.

Wenn Sie eine Position von € 100.000 eingehen und € 10.000 als Hinterlegung auf Ihrem Konto eingezahlt haben, dann nehmen Sie prinzipiell einen Kredit über € 90.000 auf. Dafür werden Zinsen fällig. Deshalb ist auch unsere Haltedauer für unsere Positionen so kurz wie möglich, vor allem in Währungen mit hohem Zinsniveau, wie zum Beispiel derzeit das Britische Pfund (GBP, Great Britain Pound).

Monetäre Voraussetzungen – wie viel Kapital Sie benötigen

Ihr Kapitalpolster muss so groß sein, dass Sie auch eine gewisse Zeit ohne Handelserfolg auskommen können. Ansonsten wird der Druck zu groß. Institutionelle Händler können weitestgehend angstfrei handeln. Schließlich beziehen sie ein festes Gehalt, und das Wichtigste: Sie haben genügend Kapital und Zeit zur Verfügung. Das nimmt die Angst und den Druck. Wir Selftrader sind in einer ganz anderen Position. Zeit haben wir nicht und das Kapital ist meist sehr beschränkt, zumindest im Vergleich mit den großen, institutionellen Händlern, den Fonds, den Banken, den Versicherungen.
Es geht in erster Linie um Ihre Ziele. Sie benötigen natürlich eine ganz andere Kapitaldecke, wenn Sie von Ihren Trades leben wollen, als ein Hobby-Trader, der in seiner Freizeit Forex traden will.
Für den ersten Fall veranschlage ich ein Minimum von 60.000 Euro als Startkapital. Alles andere wäre utopisch, denn Sie sollten immer bedenken, dass Sie einen fixen Betrag für Ihre Lebenshaltungskosten benötigen. Außerdem sollten Sie in der Lage sein, sich ein vernünftiges monatliches Gehalt von sagen wir einmal 3.000 Euro zu gönnen. Sollten Sie sich alles vom Munde absparen wollen und glauben, mit unter 1.000 Euro im Monat klarkommen zu können, sage ich Ihnen: Das funktioniert nicht.
Freizeit- oder Hobby-Trader können in der Regel schon ab 5.000 Euro sinnvoll Devisen handeln. Doch mit einem verhältnismäßig kleinen Konto kommen für Sie auch nur ausgewählte Broker infrage. Wenn Sie mit einem niedrig kapitalisierten

Konto ab 5.000 Euro starten wollen, sollte Ihr Broker sogenannte Mini-Lots (20.000 Euro Handelssumme) anbieten. Meist wird Ihnen dann aber im Gegenzug ein größerer Spread auferlegt oder aber Zusatzgebühren erhoben. Unter einem Lot versteht man in der Händlersprache eine Order-Einheit. Achtung: Obwohl ein Lot ziemlich harmlos klingt, verbergen sich hinter diesem Begriff 100.000 Einzel-Einheiten.

Nehmen wir ein Beispiel: Der Euro notiert im Verhältnis zum US-Dollar bei 1,35 US-Dollar. Wenn Sie den EUR/USD mit einem Lot shorten, halten Sie eine Short-Position im Gegenwert von 135.000 US-Dollar im Markt.

Sie ahnen sicherlich bereits, dass der Devisenmarkt ein Tummelplatz für Großinvestoren ist. Damit lassen sich auch die Ordergrößen erklären. Nun haben sich aber eine ganze Menge Devisenbroker darauf spezialisiert, auch kleinere Beträge zu handeln. Für diese Broker sind die Mini-Lots gedacht. Aktuell sind als Beispiele für Broker mit kleinen Handelsgrößen zu nennen: Saxo, AVAFX, Active Trades oder auch Alpari. Wenn Sie mit kleineren Beträgen agieren wollen, sollten Sie darauf bei der Brokerwahl unbedingt achten. Denn was mit einem 5.000-Euro-Konto passiert, mit dem 135.000 US-Dollar gehandelt werden, liegt auf der Hand. Es ist einfach völlig überhebelt und befindet sich im Kamikaze-Bereich. Läuft Ihr Trade nur wenige Pips gegen Sie, macht es „Tilt“ und Ihr Geld ist weg.

Dann bekommen Sie nämlich den berüchtigten Margin Call vom Broker und er liquidiert Ihre Positionen in der Regel unlimitiert. Je nach Broker passiert das früher oder später. Diese Situation sollten Sie möglichst vermeiden. Es gilt immer ein „vernünftiges Maß“ zu finden zwischen der Positionsgröße, die Sie im Markt bewegen, und dem Kapital auf Ihrem Konto.

Ich gehe auf diesen Aspekt detailliert im Kapitel „Der Hebel“ ein. Bitte lesen Sie es sich als Future- und Devisen-Neuling intensiv durch. Es ist für Ihr Kapital „überlebenswichtig“, dass Sie diese Grundlagen beherrschen.
Zurück zur Brokerwahl: Viele Brokerhäuser, wie zum Beispiel Saxo, Alpari oder aber auch Active Trades, bieten die erwähnten Mini-Lots an. Sie können dann 0,1 Lot – bezogen auf den Euro bei einem angenommenen Stand von 1,35 US-Dollar wären das dann nur noch 13.500 US-Dollar Handelsvolumen – oder auch 0,01 Lot handeln, die wiederum 1.350 US-Dollar Order-Volumen entsprächen.
Auch hier möchte ich betonen, wie sinnvoll es ist, dass Forex-Neulinge erst einen Demo-Account beim Broker Ihrer Wahl eröffnen. Sie lernen so nicht nur die Beherrschung der Handelssoftware, Sie lernen auch ganz schnell, was es heißt, Devisen zu handeln. Wenn Sie in einem virtuellen Demo-Account Fehler begehen, lernen Sie daraus, ohne das berühmte Lehrgeld zu zahlen.

Markttechnische Betrachtungen – Die Macht der Fraktale

Treffen zehn Trader in einem Raum aufeinander, kommen sehr wahrscheinlich zehn unterschiedliche Marktmeinungen und Herangehensweisen zusammen. Viele Anfänger scheitern beim Versuch, kurzfristig zu traden, weil ihnen die Perspektive von oben fehlt. Es mangelt an einem distanzierten Blick auf die täglichen Geschehnisse an den Märkten.
Bei der Entwicklung meiner Strategie hat mir das Folgende geholfen. Kommen wir zu einem sehr interessanten Thema.

Sagt Ihnen der Begriff Fraktal etwas? Ich zitiere die Definition aus Wikipedia:

*„**Fraktal** ist ein von Benoît Mandelbrot geprägter Begriff (lat. fractus ‚gebrochen', von lat. frangere ‚brechen', ‚in Stücke zerbrechen'), der natürliche oder künstliche Gebilde oder geometrische Muster bezeichnet, die einen hohen Grad von Skaleninvarianz bzw. Selbstähnlichkeit aufweisen. Das ist beispielsweise der Fall, wenn ein Objekt aus mehreren verkleinerten Kopien seiner selbst besteht. Geometrische Objekte dieser Art unterscheiden sich in wesentlichen Aspekten von gewöhnlichen glatten Figuren."**

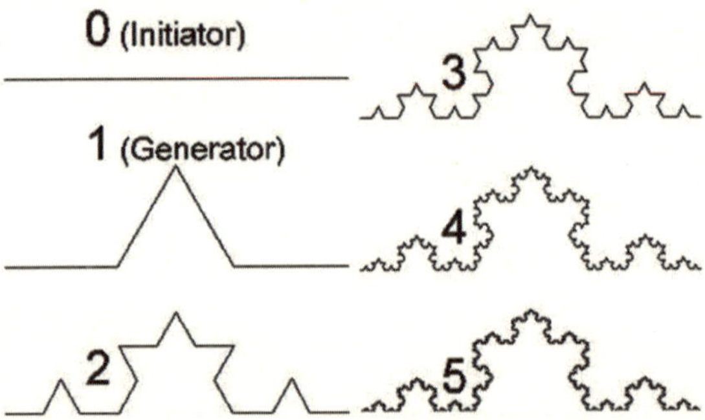

* Quelle: http://de.wikipedia.org/wiki/Fraktal

Sie fragen sich sicherlich, was die obige Grafik Ihnen sagen möchte. Das Prinzip ist ganz einfach. Die große Struktur, der „Initiator", wird in drei Teile aufgeteilt und um eine Teilstrecke ergänzt. Daraus ergibt sich eine spitze Formation (Generator). Nun haben wir aus dem Initiator (0) vier Teilstrecken produziert. Teilen wir jede Teilstrecke (Generator) wieder in demselben Verhältnis, entsteht eine noch kleinere Struktur (2-5). Diese Struktur kann unendlich häufig aufgeteilt werden. In dem ersten Beispiel haben wir nur mit Linien gearbeitet. Betrachten wir ein zweites Beispiel. Auch hier verfahren wir nach demselben Prinzip. Der Initiator ist die Grundstruktur, anschließend wird dieser mit dem Multiplikator 3 vervielfältigt. Im nächsten Schritt entsteht der Generator, der wiederum verdreifacht wird. Dabei bleibt die Grundfläche des Initiators immer erhalten, nur die innere Struktur vervielfältigt sich.

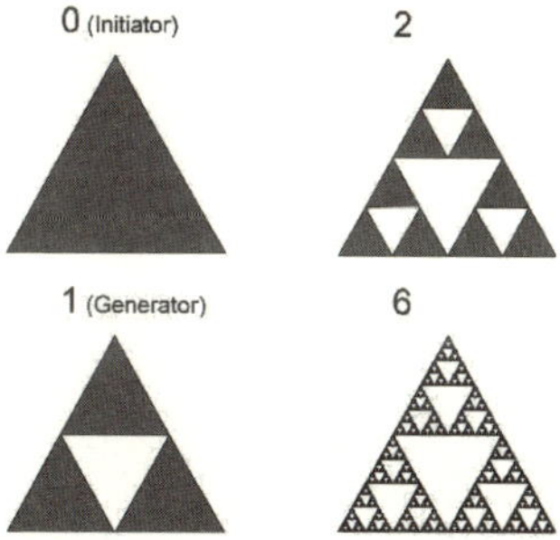

Beschreiben wir ein Fraktal nun etwas praxisbezogener. Nehmen Sie ein Farnblatt (Initiator). Dieses ist relativ groß und gezeichnet von vielen Einbuchtungen (Generator) am Blattrand. Betrachtet man diese Einbuchtungen, stellt man fest, dass sie denselben Aufbau und dieselbe Form wie das ganze Blatt haben. Würden Sie die kleinen Einbuchtungen unter dem Mikroskop betrachten, sähen Sie die Struktur des ganzen Farnblattes.

Was heißt das für uns? Ganz einfach: Das Kleine ist in seinem Grundmuster genau so wie das Große. Diese Erkenntnis lässt sich auf andere Lebensbereiche übertragen. Meiner Meinung nach geschieht nichts Neues auf unserem Planeten. Es fängt im Kleinen an und hört im Großen auf oder auch umgekehrt. Die Kausalkette ist immer die gleiche. Es ist nur eine Betrachtungsweise für den Händler. Die Grundstrukturen und -elemente bleiben bestehen, unabhängig davon, ob er im Großen oder im Kleinen handelt.

Jetzt zum Markt: Betrachten wir einen einfachen Barchart in einem Zeitfenster. Nehmen wir einen 30-Minuten-Chart. Anschließend betrachten wir einen Barchart im 4-Stunden-Zeitfenster.

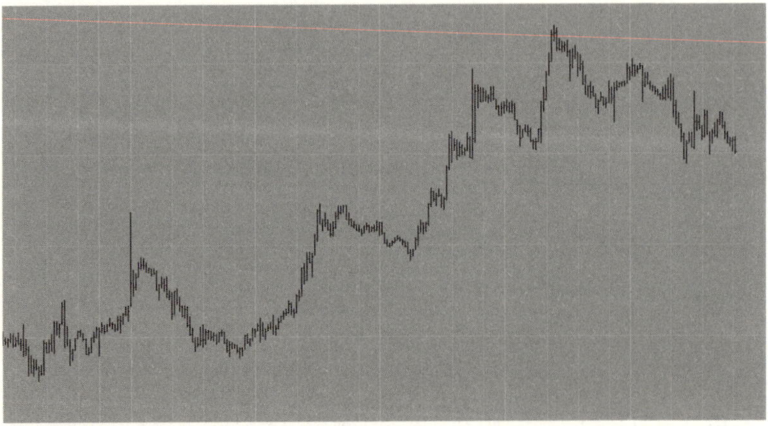

30-Minuten-Chart EUR/USD

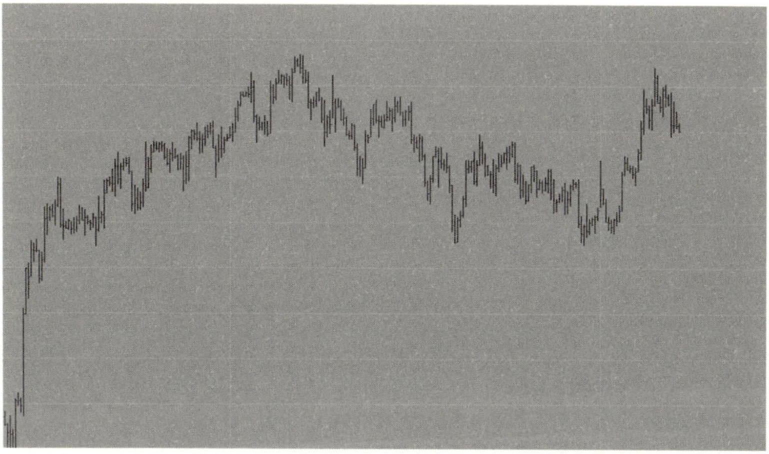

4-Stunden-Chart EUR/USD

Wenn Sie nicht die einzelnen Einstellungen der Zeitfenster kennen würden, könnten Sie keinen Unterschied zwischen dem längeren und dem kürzeren Zeitraum feststellen, oder?
Es wiederholt sich nämlich auch an den Börsen alles im Kleinen wie im Großen. Täglich erleben Sie als aktiver Händler also Ihr persönliches Déjà-vu. Diese Tatsache sollten Sie immer im Hinterkopf behalten. Es schafft Bewusstsein! Die Tatsache des fraktalen Charakters der Märkte sollte sich immer auch in einem Handelssystem widerspiegeln.
Die einzelnen Fraktale am Anfang in einem Chartfenster zu erkennen ist nicht ganz einfach. Es bedarf einer gewissen Erfahrung. Deshalb benötigen wir Indikatoren, die Berechnungen für die Vergangenheit anstellen und uns grafisch aufbereitet dabei helfen, zukünftige Wahrscheinlichkeiten für die Kurse abzuleiten.
Jetzt fragen Sie sich, warum man nicht die letzten 30 Jahre berechnet und dann eine 100-prozentige Trefferquote erzielt.

Nach der These des Fraktalismus sollte dies ja möglich sein. Hier unterscheiden sich eben Theorie und Praxis. Für den FX-Markt gibt es zum Beispiel gar keine offiziellen Aufzeichnungen mit einer solch langen Kurshistorie. Dieser Markt wurde noch vor 15 Jahren ohne Computer betrieben. Es gibt keine Börse in diesem Sinn. Die Forex ist ein Netzwerk. Erst dieses Netzwerk hat es möglich gemacht, dass ein annähernd ausgewogener Handel aller Beteiligten stattfinden kann. Auch heute noch können sich die Kurse von Broker zu Broker um ein paar Pips unterscheiden. Somit kann keine genaue Berechnung für Fraktale für den FX-Markt vorgenommen werden.
Ich bin sehr froh, dass die Forex nicht in dieser Form genau bestimmt werden kann. Ansonsten gäbe es keinen Markt mehr. Alle würden die gleichen Positionen eingehen und die Gegenpartei beim Abstoßen der Position wäre nicht mehr vorhanden. Die Natur hat dafür gesorgt, dass wir noch handeln können.
Erlauben Sie mir an dieser Stelle einen weiteren kleinen Exkurs. Im Zuge der Finanzkrise ist erneut die Debatte über eine Regulierung der Märkte durch die Politik entbrannt. Ich habe dazu eine ganz klare Meinung. Ich stelle mir ernsthaft die Frage, wie lange die Marktwirtschaft noch überleben wird. Denn unsere Politiker maßen sich mehr und mehr an. Und das, obwohl viele keinen blassen Schimmer davon haben, worüber sie eigentlich entscheiden. Regierungen wollen also künftig den Markt lenken. Wenn ich darüber nachdenke, wird mir ganz anders. Immer wenn der Mensch meint, eingreifen zu müssen, geht es schief. Der natürliche Lauf der Dinge ist immer noch der beste. Gewisse Regulierungen sind notwendig, aber dass jetzt unter anderem Managergehälter vorgeschrieben werden, grenzt an Planwirtschaft.

Verstehen Sie mich an dieser Stelle bitte nicht falsch: Ich bin Anhänger einer puren, liberalen Marktwirtschaft. Diese beinhaltet nicht nur die Freiheit, alles zu tun, was man möchte, und dementsprechend auch gutes Geld zu verdienen, wenn man etwas besonders gut kann. Meine Form der puren Marktwirtschaft impliziert aber ebenfalls: Wer A sagt, muss auch B sagen.

Das bedeutet für mich in Bezug auf die Krise: Wenn Firmen, in unserem Falle Großbanken, sich verspekuliert haben, eben kein gutes Risiko- und Money-Management betrieben haben, dann müssen Sie dafür auch die Zeche bezahlen, bis zum bitteren Ende. Das hätte natürlich geheißen: Ein paar Kandidaten wären in der Insolvenz gelandet. So what? Wer hilft mir, wenn ich zu große Positionen gehandelt habe und diese bis zum Margin Call gegen mich gelaufen sind?

Dagegen wurde das Argument der Systemrelevanz vorgebracht. Banker haben uns tatsächlich weismachen wollen, dass eine im internationalen Vergleich kleine Immobilienbank wie die Hypo Real Estate „too big to fail" war. Ackermann und Co haben in dieser Beziehung ganze Arbeit geleistet. Sie haben dem deutschen Staat vorgegaukelt, dass er zig Milliarden Euro lockermachen muss, damit die HRE nicht untergeht.

Wissen Sie, was bei der „Causa HRE" passiert ist? Ackermann, Müller und Co, also die Elite der deutschen Großbanker, haben den deutschen Staat in einer Nacht über den Tisch gezogen und sich somit davor geschützt, selbst für die Fehler ihrer Tochterbeteiligung HRE einstehen beziehungsweise bezahlen zu müssen. Ein Wahnsinn, wenn man es bis zum Ende durchdenkt. Ackermann hat wirklich jeden Euro seines Gehaltes redlich verdient, aus Sicht eines Deutsche-Bank-Aktionärs zumindest.

Die Banker haben in den nächtlichen Verhandlungen zur Rettung der HRE so viel Druck auf Staatssekretär Asmussen ausgeübt, dass er und die ganze Bundesregierung eingeknickt sind. Unglaublich!
Es reicht der Druck von zwei – zugegebenermaßen sehr guten – Bankern, in diesem Falle waren Ackermann und Klaus-Peter Müller, ehemaliger Commerzbank-Vorsitzender und zu der Zeit Chef des Deutschen Bankenverbandes, federführend, und der deutsche Staat knickt ein. Das Ende vom Lied: 150 Milliarden Euro wurden für die Rettung bereitgestellt, und zwar von Ihnen und von mir, unsere Steuergelder.
Ich höre heute noch das schallende Lachen aus den Konzernzentralen in Frankfurt. Die freuen sich diebisch darüber, dass die deutsche Regierung die Mär von der systemrelevanten HRE geschluckt hat. Und Journalisten und Politiker jeder Couleur haben nichts Besseres zu tun, als das Mantra des „too big to fail“ brav, artig und vollkommen unreflektiert nachzubeten. Respekt und Chapeau, Herr Ackermann. Das war ein großer PR-Coup!
Aber genug geschimpft. Marktwirtschaft heißt für mich, Gewinne und Verluste werden privatisiert und nicht wie in der Krise geschehen: Gewinne werden privatisiert, Verluste tragen aber die Steuerzahler.
Fassen wir den wichtigsten Punkt dieses Kapitels noch einmal zusammen: Fraktale Berechnungen sind aufgrund der nicht vorhandenen Daten unmöglich. Also müssen wir weiterhin mit Wahrscheinlichkeiten leben. Die Höhe des Prozentsatzes der Wahrscheinlichkeit ergibt sich bei dem besten Handelssystem aus den Abweichungen der Vergangenheit und aus dem Handelszeithorizont, in dem sie sich bewegen.

Zeitebenen – der Markt aus verschiedenen Perspektiven

Wie Sie sicherlich bemerkt haben, ist das erste Kapitel so aufgebaut, dass wir uns gewissermaßen von außen nach innen vorarbeiten. Wir rücken also sukzessive ins Zentrum des praktischen Handels von Devisen vor. Sie können es mit einem Mikroskop vergleichen, an dem Sie die Vergrößerung einstellen.

Grundsätzlich gilt: Der gewählte Zeithorizont, Ihre persönliche Erwartungshaltung, Ihr Money-Management und Ihr Kapital sind die Koordinaten, die Ihr Handeln bestimmen. Vielleicht klingt dies ein wenig abstrakt, aber es bringt die Sache auf den Punkt. Lesen Sie sich den oberen Satz ruhig noch einmal durch.

Betrachten wir den Zeithorizont. Jeder einzelne – ob nun 30 Minuten, ein Monat oder auch fünf Sekunden – hat seine Vor- und seine Nachteile. Je langfristiger der Zeithorizont, zum Beispiel 30 Minuten, ist, desto seltener werden Sie in Ihrer Analyse oder später im Trading in eine Zufallsbewegung hineinlaufen. Das wäre ein Vorteil. Ein Nachteil jedoch, wenn Sie solche längerfristigen Betrachtungen wählen: Sie müssen Ihrem Stop-Loss (im Weiteren als „SL" abgekürzt) mehr Spiel geben. Das bedeutet, dass es fast keinen Sinn macht, den Kursverlauf stets am Bildschirm zu beobachten. Es macht Sie nur mürbe.

Phasen des Wartens sind der große Feind eines jeden Händlers oder Traders. Es ist das Warten, das häufig zu falschen Entscheidungen führt. Im Zeitverlauf ändert man seine Entscheidungen, zumindest wenn man die ganze Zeit vor dem Bildschirm „hängt".

Langfristig orientierte Trader, die sich Charts in einem Bereich ab 30 Minuten anschauen, laufen schnell Gefahr, in die Falle des sogenannten schnellen Gewinns zu tappen. Auch wenn das

Money-Management auf einen großen Zeithorizont hin ausgerichtet ist, neigen langfristig orientierte Trader dazu, Gewinne zu früh mitzunehmen. Die Ungeduld wächst mit jeder „Kerze", die sich ausbildet, und mit jeder Bewegung, die das Konto nach oben „ticken" lässt.
Ich gebe es offen zu: Dies schreibt ein klassischer Vertreter dieses Lagers. Obwohl ich mir Charts immer in unterschiedlichen Zeithorizonten anschaue, neige ich dazu, Gewinne zu früh mitzunehmen. Ich gehe sogar noch weiter. Ich würde mich gar als Weltmeister im zu frühen Glattstellen bezeichnen. Die negative Kehrseite der Medaille: Wäre die Position ins Negative gelaufen, dann hätte ich in Ruhe zugesehen, bis diese unter Umständen den Stop-Loss erreicht hätte. Das nennt man Gewinne schnell mitnehmen und Verluste laufen lassen.

Doch es sollte genau umgekehrt sein!

Dieses klassische Fehlverhalten kann auch für Sie zum Problem werden, wenn Sie auf Ultrakurzfrist-Ebene handeln, wenn Sie also zum Beispiel mit Charts arbeiten, die minutenweise Kerzen ausbilden.
Die Gefahr ist zwar geringer als bei der längerfristigen Betrachtung, aber es kann durchaus passieren. Der große Nachteil bei sehr kurzfristiger Betrachtung liegt in der Regel eher darin, dass Stopps nicht eingehalten werden. Häufig wird die Entschuldigung vorgebracht, dass es sich ja nur um einen „kleinen Ausreißer" handele. In diesem Moment wechselt der Händler gerne einfach mal seinen Zeithorizont, sei es von einer Minute zu fünf Minuten oder von 15 Minuten auf einen Stunden-Chart. Aus dem ursprünglichen Tradingplan wird dann schnell ein ganz anderer.

Wichtig: Disziplin ist DER Erfolgsfaktor für Trader. Und nicht jeder Anleger legt Disziplin an den Tag. Aufgrund von mangelnder Disziplin scheitern 90 Prozent derjenigen, die Daytrading ausprobieren.

Manche Menschen wollen einfach keine Verluste akzeptieren. Das ist immer der Anfang vom Ende. Jeder kurzfristig orientierte Trader sollte sich darüber im Klaren sein, dass er von einer Mischkalkulation lebt. 70 Prozent der Trades im Positiven und 30 Prozent im Negativen ist ungefähr das Ergebnis meines Tradings. Das klingt eigentlich ziemlich gut, doch genau die 30 Prozent schlecht gelaufene Trades sind für manche Händler unerträglich. Man braucht einen enorm starken Charakter, um damit umgehen zu können. Sie sehen, wir sind schon wieder beim Charakter angelangt. Der Kreis schließt sich immer wieder und wir werden noch häufig auf die Charakterfrage oder wie ich es gerne auch nenne: die Gretchenfrage des Tradings, zurückkommen. Als ich noch Aktienhändler war, hatte ich einen Kollegen, der einmal – wie man in Händlerkreisen so schön sagt – „bombengranaten-schief" lag. Das Money-Management war schon längst aufgegeben worden und der Riskmanager forderte ihn auf, den Verlust bestmöglich zu realisieren. Als er auf den Knopf drücken musste, dachte ich, er hätte Parkinson, so zittrig war seine Hand. Dabei war es nicht einmal sein Geld. Dies war aber nicht der Punkt. Das fremde Geld kümmerte ihn nicht, es ging einzig und allein um sein Ego. Sein großes Problem: Er musste sich einen Fehler eingestehen. Noch dazu hatte er seine eigenen Handelsprinzipien missachtet. Dann fühlt man sich unprofessionell und doppelt schlecht. Es ist die Höchststrafe für einen Händler. Sie sehen, auch Profis sind vor der Ego-Falle nicht gefeit.

Aber welcher Trader fand sich noch nie in einer solchen Situation wieder? Selbst der berühmte André Kostolany war mehrmals in seinem Leben pleite. Und zwar aus dem klassischen Grund: Fehlendes Money- und Risikomanagement. Kosto dachte meiner Meinung nach häufig viel zu langfristig und ist nicht selten in große Wirtschaftskrisen gelaufen, vollinvestiert. Das werden wir anders handhaben. Versprochen! Denn – und jetzt wieder der mahnende Zeigefinger – keiner wird Ihnen garantieren können, dass das Aussitzen von Verlusten so gut ausgeht wie beim Altmeister der Börse, André Kostolany.

Handelsinstrumente – kurzer Exkurs und ein Plädoyer für den Spot-Handel

Eines steht fest: Nichts bleibt, wie es ist. Konstant ist einzig und allein der Wandel. Das gilt auch für die Börse, die für Privatanleger handelbaren Instrumente und die Auswahl an Investments. Spätestens nach der Technologie-Blase im Jahre 2001 müsste dies jedem bewusst geworden sein. Früher gab es einige wenige gute Aktien, deren Kurse durch wirtschaftliche Entwicklungen beeinflusst wurden.
Heutzutage ist jeder Schrott handelbar. Das klingt hart, aber es ist so. Dass inzwischen an den Märkten historisch gesehen eine ungewöhnlich hohe Volatilität herrscht, ist eine logische Folge dieses Prozesses. Mittlerweile überwiegt die Quantität bei Weitem die Qualität. Aber im Grunde genommen befriedigen die Märkte damit genau den Zeitgeist. Wer möchte schon eine Allianz oder eine IBM auf 30 Jahre halten? Unser Leben ist schneller geworden. Die Technik hat es möglich gemacht.

Für uns alle ist die Taktfrequenz sprunghaft angestiegen. Ich persönlich weiß nicht, wie hoch die Frequenz noch werden soll. Die Natur wird hoffentlich ein wenig dagegenhalten.
Die Finanzwelt aber ist unbarmherzig. Die Finanzindustrie, so muss ich leider die Finanzbranche bezeichnen, entwickelt ständig neue „Instrumente". Das waren zum einen die sogenannten Derivate. Ich hatte einen Freund, der mir geistig deutlich überlegen war. Er absolvierte sein Informatik-Studium mit Auszeichnung. Anschließend ging er auf die renommierte London Business School. Er hätte genauso gut nach Harvard gehen können. Wer auf diese Universitäten gehen darf und Wirtschaft studiert, erhält schon im ersten oder zweiten Semester höchst lukrative Stellenangebote. So war es auch bei ihm. Einer der größten englischen Broker machte ein un(aus)schlagbares Jobangebot. Seine Aufgabe bestand darin, Derivate zu entwerfen. Sie müssen sich das in etwa so vorstellen, als würde man ein neues Auto entwerfen: Neues Design, neue Features, neuer Motor.
Das hat natürlich einen Grund. Man will das neue Auto beziehungsweise das Derivat verkaufen, damit Geld machen. Zu Beginn der 90er-Jahre hieß das neue Auto der Finanzbranche Optionsschein. Als ich in der Ausbildung zum Aktienhändler war, gab es genau drei Optionsscheine: auf BASF, Bayer und VW. (Heute sind es meinen Informationen zufolge 40.000 unterschiedliche.)
Nur zur Erinnerung: Ein Optionsschein ist ein Teil einer Optionsanleihe. Dieser Teil kann wie ein Zinskupon von dieser Anleihe abgetrennt und separat gehandelt werden. Ein Optionsschein kann mit verschiedenen Optionen (jetzt sind wir bei den Features) ausgestattet werden, zum Beispiel mit dem Versprechen,

eine Aktie wie BASF, Bayer oder VW zu einem bestimmten Preis kaufen zu können. Mit diesem Anreiz konnte man eine Festverzinsliche Anleihe mit niedrigerem Zinssatz herausgeben. Das sparte den emittierenden Firmen viel Kapital, da sie sich auf diesem Wege Geld sehr günstig beschaffen konnten. Ursprünglich wurden Optionsscheine auch noch in Aktien umgewandelt beziehungsweise physisch geliefert. Als die ganze Emissionsflut begann, gab es nur noch den Barausgleich zwischen Emittent und Halter.

Aus den einst drei existierenden Optionsscheinen machten die Emittenten eine wahre Optionsschein-Orgie. Das Ganze pervertierte im Laufe der nächsten Jahre. Jeder gab auf einmal Optionsscheine aus, mit allen nur denkbaren Basiswerten, mit den aberwitzigsten Charakteristika. Jede Bank begann, Optionsscheine auch ohne Anleihen zu emittieren. In Spitzenzeiten gab es in Deutschland 60.000 Optionsscheine auf dem Markt. Das war für die Banken ein enormes Geschäft. Ansonsten wären sie nicht so fleißig gewesen und hätten nicht jeden Tag 20 neue Optionsscheine herausgebracht. Wie Sie wissen, muss einer die Rechnung bezahlen. Das waren die Optionsscheinhändler.

Aber die Zeit schritt voran und die Ausstattungen der Optionsscheine wurden immer komplexer. Kaum einer verstand noch so richtig, welches Produkt er eigentlich handelte. Aber das erste richtige Derivat wurde Ende der 80er-Jahre herausgebracht. Das war der berühmte VW-Turbo, der erste Optionsschein ohne Anleihe, bezogen auf den Optionsschein einer VW-Anleihe, also mit einer enormen Hebelwirkung. Der Turbo auf VW war gewissermaßen der Urvater aller Hebelprodukte.

Die neuen Optionsscheine hatten aber einen gewichtigen Nachteil. Sie hatten eine Laufzeit. Es handelte sich um ein terminiertes Geschäft. Dazu ließen sich die Emittenten die Laufzeit in Form einer Verzinsung bezahlen. Das heißt, der Wertverlust nahm mit der Haltedauer zu. Dies konnte der Markt nicht mehr akzeptieren. Selbst die unerfahrensten Händler bekamen von diesem ungleichen Spiel Wind – nach ungefähr zehn Jahren war es dann so weit. Es mussten neue Produkte entworfen werden. Das war die Stunde des Zertifikats, welches den Optionsschein fast gänzlich abgelöst hat. Mittlerweile notieren 400.000 unterschiedliche Zertifikate allein in Deutschland an den verschiedenen Handelsplätzen.

Das Hebelzertifikat zum Beispiel hat meist keine Laufzeit und läuft kurstechnisch 1:1 mit dem Underlying mit. Die Emittenten verdienen am Spread und an den Gebühren.

Doch damit nicht genug: Nach ein paar Jahren wollte der Markt noch spekulativere Möglichkeiten. Somit splittete man die Futures in sogenannte Minis. Das Ganze zielte nur darauf ab, eine bestimmte Schicht von Anlegern zu erreichen, nämlich die mit wenig Kapital, die Zocker, die es sich nicht leisten können, einen Future zu handeln.

Verstehen Sie mich an dieser Stelle bitte nicht falsch. Ich habe nicht vor, auf dem „dummen“ Kleinanleger rumzuhacken. Die Wenigsten wissen jedoch um die Beweggründe, warum Banken gewisse Produkte anbieten: Zum vermeintlichen Wohl der Privatanleger, die am Ende doch immer die Zeche zahlen müssen. Oder umgekehrt: Am Ende gewinnt immer die Bank! Doch mit dem Kauf meines Buches haben Sie schon den ersten Schritt gemacht, nicht mehr zum Kanonenfutter für die „großen Investmentbanker“ zu gehören.

Natürlich ist auch die Rechnung der Banken in Bezug auf die Minis aufgegangen. Die Hebel-Zertis haben sich hervorragend verkauft. Aber die Entwicklung ging noch weiter und schon bald tauchte um das Jahr 2005 herum das Wort CFD (Contract For Difference) zum ersten Mal auf. Diese CFDs waren die vermeintliche Revolution auf dem Trading-Markt. Es dauerte nicht lange und alle Broker boten den Handel mit CFDs an. Nur wenig Kapital ist notwendig, um mit sehr großen Hebeln im Markt unterwegs zu sein.
Viele haben aber den Devisenhandel übersehen und waren zu sehr auf die Aktienmärkte fokussiert. Dabei suchten eine ganze Reihe Händler nach einer Möglichkeit, mit einem hohen Hebel und wenig Kapital zu agieren. Erst im Jahre 2003 kam der Devisenhandel in aller Munde. Er war einfacher zu verstehen, außerdem eignet er sich für die technische Analyse wie kein anderer. Auch die Möglichkeit, mit einem Hebel zu handeln, war gegeben. Dennoch ist der Devisenhandel aus Privatanlegersicht heute immer noch ein Nischenmarkt. In meinen Augen ist das absolut unverständlich. Er bietet nämlich alle Vorzüge für technisch orientierte und spekulativ eingestellte Händler.
Oft wird uns die Frage gestellt, ob es sinnvoll ist, CFDs auf Währungen zu handeln. Wir raten stets davon ab. Die Begründung ist ganz einfach. Warum sollte ich ein unreguliertes Hebelprodukt auf ein Hebelprodukt handeln? Das ergibt keinen Sinn. Außerdem zahlen Sie zweimal Gebühren für jeden Trade: Einmal für den CFD und das zweite Mal für den Spread der gehandelten Währung. Von der Zeitverzögerung beim Handeln möchte ich erst gar nicht sprechen. Außerdem stellt sich die Frage, ob der CFD auf den Geld-, Mittel- oder Briefkurs berechnet wird oder vielleicht auf den Kurs, der für den Broker jeweils

der beste ist. Im Spot-Trading oder auch Direkthandel an der Forex verhält es sich gänzlich anders. Sie kennen Ihren aktuellen Kurs und Ihre Kosten für einen Trade in dem Moment, in dem Sie handeln. Es gibt keine versteckten Gebühren. Noch dazu endet bei den meisten Brokern der CFD-Handel abends. Wo sollte jetzt noch der Vorteil sein? Wenn Sie mit einem hohen Hebel in den Devisenmarkt gehen wollen, dann können Sie dies mit einer Erhöhung der Handelssumme tun. Dafür ist kein weiteres Hebelprodukt notwendig. Spot-Trading ist eine ehrliche und geradlinige Angelegenheit. Jetzt kaufe oder verkaufe ich. Binnen Sekunden kenne ich meinen Gewinn oder auch Verlust. Einfacher und geradliniger geht es nicht. Daher handele ich ausschließlich Spot. Warum sollte ich also meine Währungen nicht direkt handeln? Die Broker geben Ihnen die Möglichkeit, mit einem Hebel von bis zu 1:400 über die FOREX zu agieren. Ob dies sinnvoll ist, ist eine andere Frage. In meinen Augen ist es absoluter finanzieller Suizid.
Schauen Sie sich dazu bitte noch einmal das obige Kapitel Risiko- und Moneymangement an.

Haltedauer: kurz, kürzer, Forex

Die Haltedauer ist ein sehr wichtiger Punkt für uns Trader. Im Vergleich zu anderen Finanzinstrumenten und Märkten ist die Haltedauer am FX-Markt sicherlich die kürzeste. Sie gehen damit allen fundamentalen Gefahren des Marktes aus dem Weg. Je länger die Haltedauer, desto stärker sind Sie den kursrelevanten Nachrichten und den Launen der Großinvestoren ausgesetzt.

Stellen Sie sich vor, Sie gehen mit einem CFD auf Siemens long. Am nächsten Tag wachen Sie auf und erfahren aus den Frühnachrichten, dass der Vorstandsvorsitzende wegen Steuerhinterziehung verhaftet wurde. Ich sage nur: „Gute Nacht für Ihren CFD!"

In der Regel stelle ich sämtliche Positionen im Devisenmarkt glatt, wenn ich aufhöre zu handeln. Ich kann also ruhig in meinen Feierabend gehen und muss nicht bangen oder hoffen, dass eine noch offene Position das macht, was ich von ihr erwarte. Zu dieser kurzen Haltedauer zwingt mich jedoch auch meine Strategie. Ich setze mit maßvollen Hebeln von bis zu 10 auf kleine Bewegungen, die ich mir aus dem Markt gewissermaßen herausschneide. Daher sind meine Stopps auch sehr eng und meine Gewinnmitnahmen erfolgen sehr früh. Vor dem Hintergrund meiner angebrachten Hebel möchte ich trotzdem nicht das Risiko eingehen, eine Position gewissermaßen unbeobachtet über Nacht zu halten. Somit sorge ich natürlich auch für einen stressfreien Abend im Kreise meiner Lieben.

Auf alles gefasst: Diesen Einfluss haben Nachrichten

Je nachdem, wie ambitioniert Sie Ihr Trading betreiben wollen, sollte Ihre Vorbereitung mehr oder weniger intensiv ausfallen. Auch dem Hobby-Trader empfehle ich, dass er sich regelmäßig – am besten sogar täglich – einen Überblick über die wichtigsten Termine, Ereignisse und Nachrichten verschafft. Damit bleiben Sie immer am Ball und können kaum auf dem falschen Fuß erwischt werden. Das Wichtigste ist, einen Überblick zu haben, sowohl über Ihr Konto, über den Markt und über die allgemeine Nachrichtenlage. Dies sind die Faktoren, die Ihre Positionen und Ihr Handelstiming beeinflussen werden.

Es vergeht kein Tag, an dem ich nicht neben meiner Tätigkeit die Nachrichten auf *CNN*, *CNBC* oder *N-TV* mitlaufen lasse. Zusätzlich ist natürlich der Nachrichtenticker von *Reuters* an. Sie sehen, der Gedanke, mit mehreren Bildschirmen zu arbeiten, ist für einen Trading-Profi so verkehrt nicht.

Zeitunglesen ist höchstens etwas zur Ablenkung beim Frühstück, aber natürlich nicht dann, wenn Ihnen der Lebenspartner gegenübersitzt... Wenn schon Zeitung, dann bitte eine gute. *Financial Times* oder *Handelsblatt* wären meine Empfehlungen, um im europäischen Raum zu bleiben. Für den internationalen Bereich führt kein Weg an der englischen Ausgabe der *Financial Times* vorbei.

Ich bin täglich aufs Neue erstaunt, wie schwach es um die Englischkenntnisse der Deutschen bestellt ist. Von unseren 80 Millionen Einwohnern in Deutschland haben 18 Millionen aufgrund der anderen Bildungsschwerpunkte in der DDR nur wenig Englisch lernen können. Von den verbleibenden 62 Millionen können Sie alte Menschen, Kinder und nicht ausreichend Ausgebildete abziehen. Dann bleiben nicht mehr so viel übrig. Falls Ihre Englischkenntnisse nicht die besten sein sollten, zögern Sie bitte nicht, das zu ändern.

Es gibt so viele Möglichkeiten, beispielsweise Abendschulen oder Sprachschulen. Mein Tipp: Lesen Sie ein englisches Buch oder schauen Sie englischsprachiges Fernsehen oder Ihre Lieblingsserie im Originalton. Ein sattelfestes Englisch ist enorm wichtig, wenn man langfristig an den Märkten Geld verdienen möchte. Die Handelssprache ist nun einmal Englisch.

Noch ein Hinweis zu den Nachrichten. Es gibt regelmäßige Termine, wie zum Beispiel die Veröffentlichung der Arbeitslosenzahlen in Deutschland oder auch den USA. Diese Konjunkturdaten kommen immer zu festen Terminen, so zum Beispiel der ifo-Geschäftsklimaindex oder die jüngsten Zahlen zum amerikanischen Verbrauchervertrauen. Starke Bewegungen finden auch bei der Bekanntgabe von englischen Marktdaten statt. Also bitte Vorsicht, wenn das GDP (Gross Domestic Product, Bruttoinlandsprodukt) um 10.30 Uhr über den Ticker läuft.
Die Daten sorgen in der Regel für jede Menge Bewegung. Je wichtiger diese Daten sind, desto eher würde ich Ihnen empfehlen, unmittelbar vor der Veröffentlichung keine Positionen im Markt zu haben. Warten Sie lieber ab. Denn Sie wollen ja eben nicht auf dem falschen Fuß erwischt werden. Daher ist es für jeden Trader ratsam, die marktbewegenden Termine eines Handelstages zu kennen. Die entsprechenden Listen finden Sie auf vielen Finanzseiten.
Schauen Sie doch einmal bei Onivsta.de oder n-tv.de nach. Noch besser sind natürlich die Terminvorschauen von amerikanischen Finanzseiten wie zum Beispiel Bloomberg.com oder aber auch finance.yahoo.com.
Die meisten Finanzportale im Internet bieten sogar einen kostenlosen E-Mail-Service an, der Ihnen die wichtigsten Termine und News des Tages schon morgens per Mail zukommen lässt.

Die wichtigsten Korrelationen

Wir werden sehr häufig auf Korrelationen angesprochen. Viele Händler versuchen, aus der Kursentwicklung eines bestimmten

Währungsblocks den Kursverlauf eines anderen abzuleiten. Handfeste Regeln gibt es dazu jedoch nicht. Was Sie bei den verschiedenen Währungspaaren berücksichtigen sollten, fasse ich hier für Sie zusammen.
Was genau versteht man unter einer Korrelation? Die Wikipedia-Definition lautet:

Die Korrelation beschreibt die Beziehung zwischen zwei oder mehreren statistischen Variablen. Wenn sie besteht, ist noch nicht gesagt, ob eine Größe die andere kausal beeinflusst, ob beide von einer dritten Größe kausal abhängen oder ob sich überhaupt ein Kausalzusammenhang folgern lässt.
Es gibt positive und negative Korrelationen. Ein Beispiel für eine positive Korrelation (je mehr, desto mehr) ist: Je mehr Futter, desto dickere Kühe. Ein Beispiel für eine negative Korrelation (je mehr, desto weniger) ist: „Je mehr zurückgelegte Strecke mit dem Auto, desto weniger Treibstoff ist vorhanden."
*Häufig benutzt man zu Recht die Korrelation, um einen Hinweis darauf zu bekommen, ob zwei statistische Größen ursächlich miteinander zusammenhängen. Das funktioniert immer dann besonders gut, wenn beide Größen durch eine „Je ... desto"-Beziehung miteinander zusammenhängen und eine der Größen nur von der anderen Größe abhängt.**

Korrelation mit Nachrichten und Wirtschaftsdaten

Dieses Thema ist schwer auf den Punkt zu bringen, da sehr viele Einflüsse auf eine Währung einwirken können. Meist ist es aber so, dass schwerwiegende Ereignisse wie zum Beispiel

* Quelle: http://de.wikipedia.org/wiki/Korrelation

die Terroranschläge des 11. September 2001 einen ganzen Währungsblock beeinflussen. Mit anderen Worten: Sind Nachrichten oder entsprechende Wirtschaftsdaten für eine Landeswährung folgeträchtig (positiv oder negativ), dann gewinnt oder verliert die entsprechende Währung gegen alle anderen. Wir sprechen hier von Meldungen, die von jedem von uns meist sofort registriert werden, da diese von maßgeblicher Bedeutung sind. Anders verhält sich es mit den Entwicklungen an den vielen anderen Finanzmärkten, die oft auch die Devisenkurse wesentlich beeinträchtigen können. Häufig sind es Bondmärkte, Rohstoffmärkte und die kleinen Nebensätze von Politikern und Notenbankern, die für sehr schnelle und kurzfristige Marktbewegungen sorgen. Mir wäre es lieber, der eine oder andere wichtige Akteur unseres Wirtschaftsgeschehens würde seine Worte zweimal überdenken, bevor er oder sie vor das Mikrofon tritt. Ich würde Ihnen gerne eine Regel präsentieren, welche Nachrichten und welche Entwicklungen zu welchem Zeitpunkt welche Auswirkungen haben. Dafür gibt es aber keine Regel, da alles zu stark von der aktuellen Situation, vom Kontext abhängt.

In der Immobilienkrise vor wenigen Jahren waren die wichtigsten Nachrichten, ob die Hausverkäufe zugenommen haben oder nicht. Ein Jahr später interessierte sich fast kein Mensch mehr für diese Daten. Als der Ölpreis auf 140 US-Dollar stand, rückten die Öllagerbestände der USA in den Fokus der Aufmerksamkeit. Ich möchte nicht von Modeerscheinungen sprechen, vielleicht ist der bessere Ausdruck Nachrichtentrend. Daher noch einmal einen Rat an Sie persönlich: Es ist sehr schwer, den schmalen Grad zu finden zwischen dem „Aufsaugen“ von allen Nachrichten – womit man sich unter Umständen nur verrückt macht –

und der völligen Ignoranz, um sich vollständig auf Markttechnik und Chartanalyse zu konzentrieren. So viel lässt sich jedoch sagen: Je mehr Zusammenhänge Sie kennen, desto angemessener werden Sie in Ihrem Trading auf Ereignisse reagieren. Das macht Sie dann wirklich zu einem Experten.

Korrelationen unter den Währungspaaren

Abgesehen von wichtigen Wirtschaftsdaten gibt es natürlich auch rein handelstechnische Korrelationen. Dies geschieht häufig bei sehr großen Orders, die ein sehr umsatzstarkes Währungspaar deutlich in eine Richtung bewegen. Dass die „schwächeren" Währungspaare davon beeinflusst werden, ist normal. Was verstehen wir unter starken Hauptwährungen, auch „Majors" genannt? Wir zählen dazu USD, JPY, CHF, EUR, GBP, CAD und demnächst auch die Rupie. Sollte die chinesische Regierung Vernunft annehmen und ihre Währung stärker floaten lassen, wird der Renminbi bald auch zu den Hauptwährungen zählen. Bei den oben genannten Währungen sprechen wir von den Hauptblöcken. Wenn zum Beispiel der Euro-Block zur Schwäche neigt, werden die anderen Währungen fester.
Dennoch hat jedes Währungspaar seine eigene Charakteristik. Ich werde im Folgenden die Charakteristika der Hauptwährungspaare kurz beschreiben, ohne ein festes Regelwerk daraus zu machen.

EUR/USD: Das beliebteste Währungspaar, aber nicht einfach zu handeln. Bedenken Sie, dass die Entwicklung des EUR von vielen Staaten abhängt. Daher ist die fundamentale Datenlage für den EUR wesentlich vielfältiger und somit auch unsicherer als für Einzelstaaten. Die Umsätze in diesem Währungspaar sind enorm hoch und der Handel ist rund um die Uhr sehr liquide. Die bevorzugten Handelszeiten sind jedoch der westlichen Hemisphäre angepasst.

USD/JPY: Der Gigant unter den gehandelten Währungspaaren, zumindest was das Handelsvolumen angeht. Das liegt auch auf der Hand: Die USA sind immerhin die größte Volkswirtschaft und Japan wurde erst vor Kurzem von China auf den dritten Platz verdrängt. Dieses Währungspaar zählt zu den eher trägeren und wird hauptsächlich von fundamentalen Nachrichten bewegt. Beide Nationen kämpfen um einen niedrigen Kurs der eigenen Währung, da der Export für beide enorm wichtig ist. Eine schwache eigene Währung bedeutet, dass das Ausland die Produkte günstiger erwerben kann. Gerade mit der Wirtschaftskrise 2008 fing das Rennen an, die eigene Währung so schnell wie möglich zu verbilligen, um die eigene Wirtschaft anzukurbeln.

GBP/USD: Ein Klassiker. Für mich einer der Trading-Favoriten. Aber Vorsicht, oft ist es sehr ruhig um dieses Währungspaar. Wenn aber Musik in den Handel kommt, dann ist es ein sehr volatiles Währungspaar, vor allem, wenn Wirtschaftsdaten aus London veröffentlicht werden.

GBP/JPY: Um dieses Währungspaar ist es ein wenig ruhiger geworden, wobei die Betonung auf „ein wenig“ liegt. Früher wurden sie für den klassischen „Carry Trade“ benutzt, weil die Zinsunterschiede enorm waren. Jedoch ist es immer ein Wagnis, sich in diesem Währungspaar zu positionieren. Es ist der Ferrari unter den Währungspaaren. Mein Rat an dieser Stelle: Möchten Sie GBP/JPY handeln, dann wählen Sie kleinere Positionsgrößen und weitere Stopps, da die Volatilität enorm hoch sein kann. 200 Pips Tagesschwankung sind hier ganz normal.

USD/CAD: Diese zwei Nachbarwährungen werden häufig von uns Europäern unterschätzt. Die Umsätze sind zeitweise sehr hoch. Jedoch beginnt der umsatzstarke Handel erst mit der amerikanischen Handelssitzung. Zwar zählen USD/CAD zu den ruhigeren Währungspaaren, aber lange Trends bilden sich nur selten aus.

EUR/CHF: Ein wichtiges Währungspaar, da sehr viele Kredite gerade in CHF abgeschlossen werden. Daher reagiert der EUR sehr sensibel auf Zinsveränderungen der schweizerischen Notenbank. Wenn ein Trend ausgebildet wird, ist dieser meist sehr lang anhaltend und stetig. Ansonsten ist dieses Währungspaar für Daytrader nicht sonderlich geeignet.

EUR/JPY: Auch dieses Paar ist für uns Europäer äußerst wichtig. Aufgrund des traditionell niedrigen japanischen Zinssatzes werden viele Fremdwährungskredite im JPY abgeschlossen. Daher gilt wie im CHF: Wenn gewisse Stopp-Marken über- oder unterschritten werden, kommt es zu starken Kursbewegungen, um die Kredite zu sichern. Achten Sie hier besonders auf neuralgische Punkte.

AUD/USD: Ein schönes Währungspaar. Der AUD gehört zu den Cross-Rates, ist aber aufgrund seiner Rohstoff-Korrelation gerade jetzt sehr stark in den Vordergrund gerückt. Will man AUD/USD handeln, sollten Sie immer auch Gold, Öl und Silber im Blick haben.

Skandinavische Währungen: Diese sind alle mit einem sehr hohen Spread behaftet. Wer NOK oder SWK (Norwegische Krone, Schwedische Krone) handeln möchte, muss ein komplett anderes Money-Management betreiben, da alleine schon der Spread sich auf 30 bis 50 Pips beläuft. Wer NOK handelt, sollte auf jeden Fall den Ölpreis der Marke Brent im Blick haben. Die Volatilität kann enorm sein.

Summa summarum: Für den Daytrader kommen nur Währungspaare mit einem vernünftigen Spread von zwei bis fünf Pips infrage. Mittelfristige Trader können weitere Spreads akzeptieren, müssen aber das Money-Management dementsprechend anpassen. Für die exotischeren Währungspaare brauchen Sie aufgrund der hohen Spreads starke Nerven.

Perfekte Vorbereitung: eine Checkliste

Wie sollte ein Handelstag beginnen? Mit einer gewissen Handelserfahrung stellt sich ein Ritual ein. Für den Anfang rate ich Ihnen, sich eine Art Checkliste anzulegen. Sie mögen jetzt vielleicht schmunzeln bei diesen Worten, aber vergessen Sie nicht, dass jeder Pilot, obwohl er schon Hunderttausende von Flugstunden hinter sich hat, auch eine Checkliste durchgeht. Das ist ganz normal und schützt vor Flüchtigkeitsfehlern. Wie könnte so eine Checkliste aussehen?

Dies ist sehr von Ihrer Person abhängig, aber dennoch gibt es einige Punkte, die auf jede Prüfliste für Trader gehören.

- Nachrichtenlage in der Welt, aufgeteilt auf die verschiedenen Kontinente
- Termine der bevorstehenden Wirtschaftsnachrichten
- Betrachtung der wichtigsten Währungspaare im Langfrist-Chart (ich würde hier den 30-Minuten-Chart empfehlen), um die einzelnen Trends zu identifizieren
- Überprüfen der persönlichen Verfügbarkeit: Wann machen Sie eine Pause, wann essen Sie morgens, mittags und abends?
- Gesundheitliches und psychisches Befinden

Diese Punkte haben einen entscheidenden Einfluss auf Ihre gesamte Handelstätigkeit. Nehmen Sie meinen Ratschlag ernst, denn ich spreche aus Erfahrung. Oft werden große Dinge von Kleinigkeiten gesteuert.
Noch ein weiterer Punkt: Trinken Sie während des Handelns nicht zu viel Kaffee oder andere aufputschende Dinge. Sie werden auch so aufgeregt genug sein. Zum Wachbleiben benötigen Sie in Zukunft mit Sicherheit keinen Kaffee mehr. Dafür sorgt schon Ihr Körper alleine.
Sicherlich ist die obige Liste für Profis gedacht, die sich täglich mit den Forex-Märkten beschäftigen können oder wollen. Allerdings sollten auch Hobby-Trader das Umfeld berücksichtigen, in dem Sie handeln wollen. Auch wenn Sie also erst abends mit dem Trading beginnen können, würde ich Ihnen trotzdem empfehlen, meine kleine Checkliste für die perfekte Handels-Vorbereitung durchzugehen.

So bauen Sie Ihren perfekten Handelsbildschirm auf

Kommen wir zu Ihrer Visitenkarte: Ihrem Handelsbildschirm und Ihren Charts. Wie ein Händler „tickt", erkennt man unmittelbar an seinem Handelsbildschirm. Wenn man durch die Handelsräume der Großbanken läuft, wundert man sich, wie einfach die Bildschirme der einzelnen Händler teilweise aufgebaut sind. Aber definieren wir doch erst einmal, welche Faktoren eine gute Bildschirmansicht ausmachen. Welche Punkte sollten für Sie wichtig sein?

An dieser Stelle kommen wir natürlich wieder auf die passende Handelssoftware und die entsprechende Hardware zu sprechen. Nicht jede Handelssoftware bietet alle Optionen und nicht jeder Bildschirm lässt Sie alle Details erkennen. Der Devisenhandel ist ein stark optisch ausgerichtetes Geschäft. Ohne entsprechenden Chart können Sie keine Markteinschätzungen entwickeln. Ich habe auch noch nie einen blinden Händler kennengelernt. Das Visuelle dominiert im Handel. Also müssen wir dafür Sorge tragen, dass wir das Wichtige sehen, um die richtigen Entscheidungen treffen zu können.

Fangen wir beim Chart an sich an. Hier gibt es zwei maßgebliche Fehler, die immer wieder gerne gemacht werden. Betrachten wir zuerst Chart 1.

Bitte stellen Sie Ihren Chart so ein, dass er nicht bündig mit dem rechten Rand endet. Sie können nie sicher sein, ob der Chart nicht bereits über den rechten Rand hinaus gewandert ist. Bei guten Softwarepaketen können Sie den Chart innerhalb des Bildes horizontal verschieben. Zu Ihrer Sicherheit sollten Sie einen gewissen Abstand zum rechten Rand einhalten, wie im folgenden Beispiel gezeigt (Chart 2).

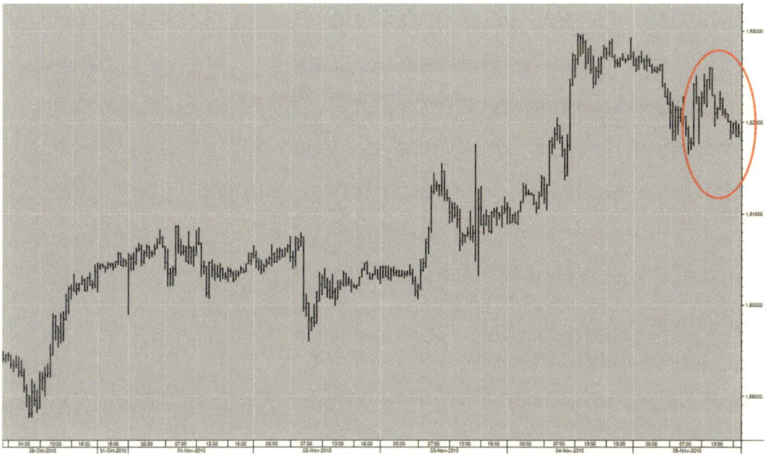

Chart 1

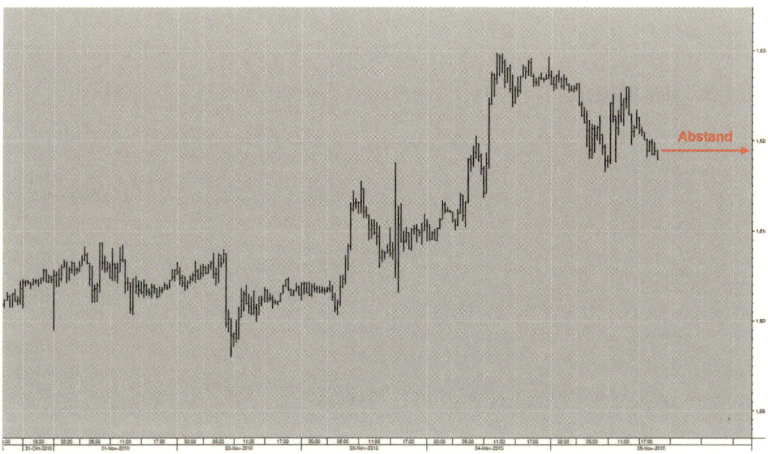

Chart 2

Damit ist gewährleistet, dass der aktuelle Chartverlauf vollständig abgebildet wird. Dieser Ratschlag mag vielleicht banal erscheinen, ist aber von grundlegender Bedeutung. Denn Sie wollen sicher nicht in die Falle tappen, etwas anderes zu handeln als das tatsächliche Marktgeschehen.

Ein weiterer Punkt ist definitiv das Thema „Komprimierung“ der Charts. Ein häufiger Fehler ist eine zu starke horizontale Dehnung (Auseinanderziehen) der Charts. Was ist daran problematisch? Als bestes Beispiel bietet sich ein Vergleich aus der Küche an. Eine Soße wird oft tagelang reduziert, damit sie schließlich die richtige Konsistenz und den perfekten Geschmack hat. Wird sie erneut gestreckt, verliert sie ihren Geschmack.

Genauso verhält es sich auch mit einem Chart. Dehnen Sie diesen horizontal zu stark, dann verlieren Sie den Überblick und damit das richtige Gefühl dafür, was am Markt gerade los ist. Meist können Sie die Einstellungen durch Anklicken der Zeitachse in der Fußleiste und horizontales Bewegen der Maus verändern. Bei der einen oder anderen Software wird dafür das Scroll-Rad benutzt. Auch hierfür wieder zwei Beispiele:

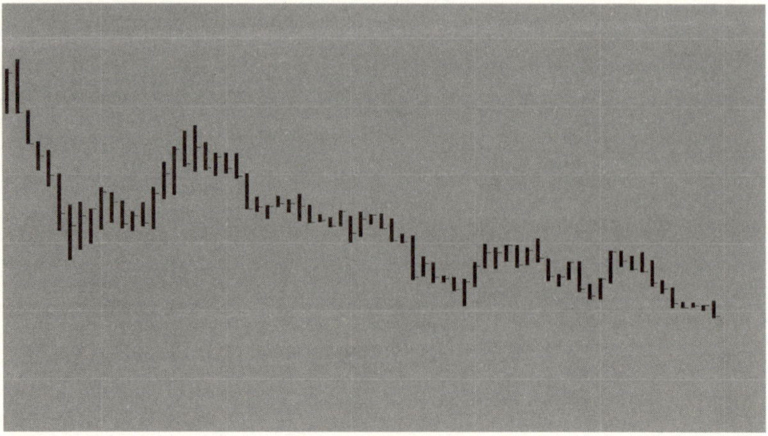

Diese Auflösung ist bei Weitem zu hoch. Sie bekommen bei der oben gezeigten Einstellung keinerlei Überblick. Komprimieren wir diesen Chart:

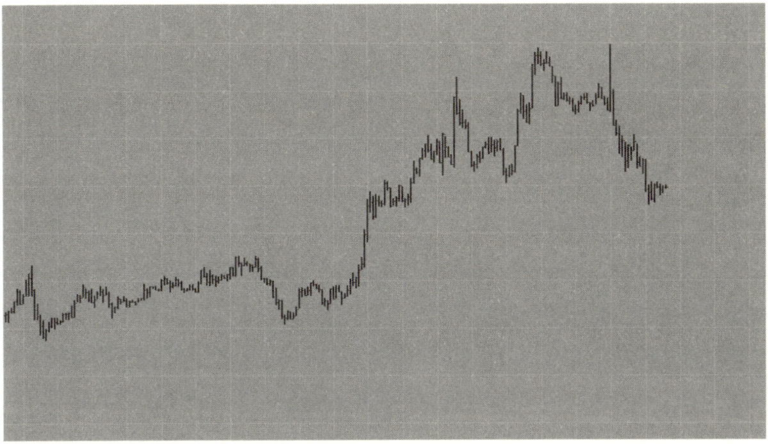

Der gleiche Chart und ein komplett anderes Bild. Der Markt verlief keineswegs so flach, wie uns die Ansicht links weismachen will. Bitte nutzen Sie also eine Komprimierung, um ein übergeordnetes Bild zu erhalten, egal in welchem Zeitfenster. Sie sollten auf alle Fälle augenschonend arbeiten. Die vorangegangenen Charts waren allesamt grau-schwarz angelegt. Dafür gibt es einen guten Grund. Der Kontrast ist nicht so hart. Schwarz-weiß ist natürlich gut zu erkennen, aber es strengt Ihre Augen stark an. Genauso verhält es sich mit einem schwarzen Hintergrund. Auch dieser Kontrast ist sehr hart, sicherlich gut sichtbar, aber wenn Sie zwölf bis 14 Stunden am Tag vor dem Bildschirm sitzen, ist dies auf Dauer sehr anstrengend für die Augen. Oft sind Kopfschmerzen, Müdigkeit und Verspannungen die Folge. Jeder Anbieter gibt Ihnen die Möglichkeit, die Charts so zu gestalten, wie Sie es brauchen und wie es für Sie angenehm ist. Schauen Sie sich einmal folgende Grafik an und vergleichen Sie sie mit den Charts zuvor. Was ist für Sie augenfreundlicher?

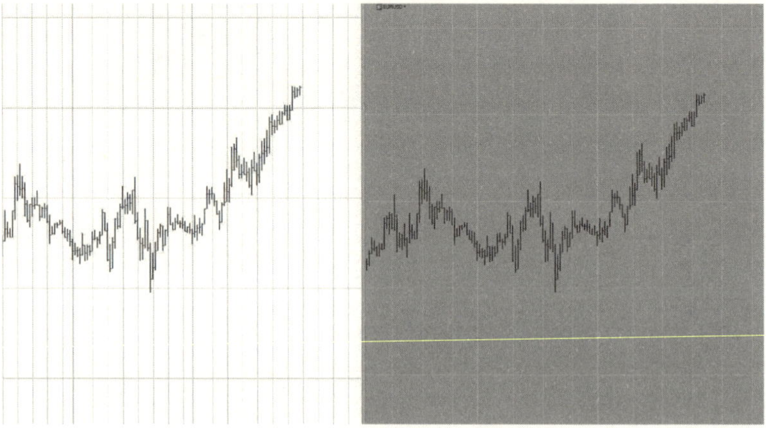

Derselbe Chart mit einer weicheren Hintergrundfarbe. Dennoch ist jedes Detail zu erkennen. Wer viel vor dem Bildschirm sitzt, wird den Unterschied am Ende des Tages auf jeden Fall bemerken. Probieren Sie daher aus, mit welchen Farbkombinationen Sie am besten auch über längere Zeit klarkommen.

Aufbau Ihres Bildschirms

Kommen wir aber zurück auf den wichtigsten Teil Ihrer Visitenkarte als Händler. Was müssen wir alles betrachten können, um gut zu handeln? Diese Frage kann ich nicht für jeden von Ihnen pauschal beantworten. Ich kann Ihnen nur einen Vorschlag machen, der sich für mich über die Jahre bewährt hat. Es hängt auch davon ab, ob Sie mit zwei Bildschirmen handeln oder nur mit einem. Eine Bildschirmanzahl von maximal drei halte ich noch für sinnvoll. Mehr kann das menschliche Auge überhaupt nicht auf einmal wahrnehmen.

Wichtig bei der Einrichtung des Handelsbildschirms ist es, den maximalen Überblick zu bekommen. Daher benötigen wir mehrere Charts mit verschiedenen Zeitebenen auf einen Blick. Ein alter Händlerspruch lautet: „Links wird das Geld verdient, in der Mitte wird gehandelt und rechts wird der Einstieg gesucht". Diese alte Weisheit hat nach wie vor Gültigkeit. Was damit genau gemeint ist, sehen Sie hier.

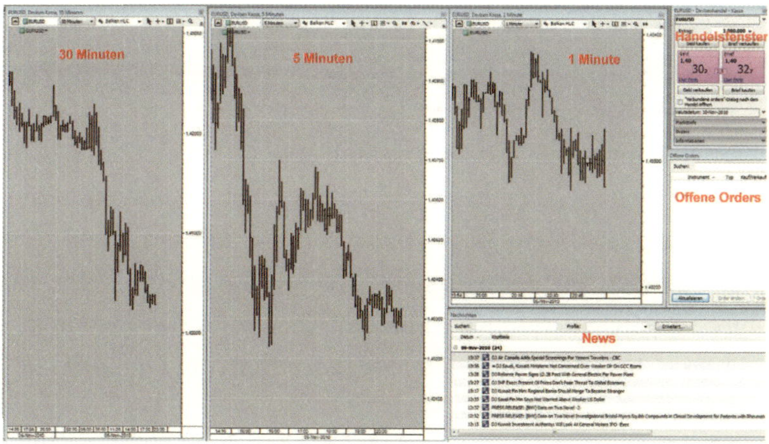

Auf diesen Bildschirm finden Sie folgende Informationen:

30-Minuten-Chart – Links

5-Minuten-Chart – Mitte

1-Minuten-Chart – Rechts

Handelsfenster – für Ihre Order

Offene Orders

News

Je nach Broker und Softwareanbieter können Sie mehrere Reiter mit den verschiedenen Währungspaaren und den gleichen

Einstellungen anlegen. Dies ermöglicht Ihnen ein sehr schnelles „Scannen" der einzelnen Währungspaare.

Zurück zur alten Händlerweisheit. Links im 30-Minuten-Chart erkennen Sie den großen, übergeordneten Trend. In der Mitte (fünf Minuten) werden die Handelsentscheidungen getroffen und für den Einstieg benutzen wir das 1-Minuten-Fenster, also die kleinste Zeiteinstellung. Stellen Sie sich vor, Sie betrachten ein Objekt unter dem Mikroskop und wechseln die Linsen zu kleineren Einstellungen.

Der Devisenhandel ist schnell und als aktive Daytrader handeln wir nicht den großen Trend. Das werden Sie noch feststellen, wenn ich Ihnen meine Handelskonzepte im Folgenden detailliert vorstelle. Daher bewegen wir uns beim Einstieg in der kleinsten Zeiteinheit. Genau diese Aufteilung kann Ihnen sehr viel Geld sparen. Eine einfache Rechnung: Nehmen wir an, durch die Betrachtung des Minuten-Charts für das Timing des richtigen Einstiegs gewinnen Sie jedes Mal drei Pips. Drei minimale Pips, einfach weil Sie schneller sind und besser timen können. Das macht bei 500 Trades im Jahr eine Verbesserung um ganze 1.500 Pips aus. Gerade in einem so schnellen Markt wie der Forex ist ein gut getimter Einstieg der halbe Gewinn. Das gilt zumindest für meinen Handelsstil.

Als wichtiges Kotrollinstrument ist zusätzlich noch ein Fenster mit den offenen Orders zu sehen. Es hat zwei Funktionen. Zum einem können Sie bei Bedarf jederzeit durch einfaches Klicken Orders löschen oder ändern. Zum anderen bemerken Sie, ob noch Orders im Markt sind, die aufgrund von veränderten Marktlagen oder -ereignissen nicht mehr vorhanden sein sollten. Es klingt zwar wie eine erfundene Geschichte, aber glauben Sie mir, das ist alles schon vorgekommen. Nur zu oft sind schon

Trader aus dem Urlaub zurückgekommen und blickten erstaunt auf offene Positionen. Das kann erfreulich oder auch sehr bitter sein, aber glauben Sie mir – in der Regel ist es bitter.

Pro FX: Die großen Vorzüge der Forex für Trader

Fassen wir die Vorteile des Devisenhandels im Vergleich zu den herkömmlichen Märkten zusammen. Sie werden sehen: Die Vorteile sind wirklich beträchtlich.

Einer der Hauptvorteile ist die Liquidität des Marktes. Händler brauchen verlässliche Kurse. Das heißt, es muss gewährleistet sein, dass permanent Kauf- und Verkaufskurse gestellt werden. Das ist bei der Forex, an der am Tag bis zu drei Billionen US-Dollar gehandelt werden, Standard, zumindest solange wir nicht in extrem kleine Währungspaare wechseln. Ich rede hier von den Wechselkursen der großen Volkswirtschaften: USA, Europa, Großbritannien, Japan, Schweiz et cetera. Bei diesen Währungspaaren können Sie sich drauf verlassen: Der Handel ist liquide. Sie können nahezu jederzeit Positionen kaufen und auch wieder verkaufen.

Ein weiterer Vorteil sind Handelszeiten. Der FX-Handel läuft 24 Stunden täglich und das fünf Tage die Woche. Da die Bewegungen sehr schnell sind, ist der FX-Markt für den kurzfristigen Trader die ideale Spielwiese, selbst wenn er nur nebenbei nach der eigentlichen Profession handelt. Getreu dem Motto: Der Tag hat 24 Stunden, plus die Nacht.

Circa 180 Währungspaare stehen zur Auswahl. Doch das sollten Sie eher als theoretische Möglichkeit betrachten. Die meisten Trader konzentrieren sich aufgrund des Spreads und der

Liquidität auf die „Majors". Kein professioneller Händler möchte die NOK gegen den Südafrikanischen Rand handeln. Wozu auch? Die vielen Handelsmöglichkeiten, auch bei den Majors, verleihen dem Trader eine gewisse Form der Unabhängigkeit. Das nennt man Lebensqualität. Viele unserer Kollegen stehen sehr früh auf und beenden ihren Handelstag am frühen Vormittag. Der Rest des Tages gehört dann der Familie. Hat doch was, oder?
Händler zu sein bedeutet nicht den ganzen Tag zu arbeiten, es bedeutet zur richtigen Zeit das Kapital arbeiten zu lassen. Ihr Kapital muss nicht permanent im Markt sein, es muss – wie gesagt – zum richtigen und zu Ihnen passenden Zeitpunkt im Markt sein.

Wer die Wahl hat … so finden Sie den passenden Broker

Ich werde häufig gefragt, welcher Broker der beste ist. Diese Frage ist legitim, aber nicht pauschal zu beantworten. Warum? Wenn Sie jemand fragt, welche Hausbank ist die beste, wüssten Sie doch auch keine Antwort, oder? Bei jedem Broker gibt es Vor- und Nachteile. Auf ein paar Dinge sollten Sie bei der Wahl Ihres künftigen Devisenbrokers aber unbedingt achten.
Viele Trader beurteilen die Qualität des Brokers einzig und allein nach der Höhe der Spreads, also der Spanne zwischen Kauf und Verkauf der verschiedenen Devisenpaare. In der Regel ist dies die Haupteinnahmequelle für den Broker. Die Größe des Spreads hängt sehr stark von der Liquidität des Währungspaares, das Sie handeln wollen, ab. In den sogenannten „Majors"

sollte der Spread nicht mehr als zwei bis drei Pips betragen. Alles andere ist nicht marktgerecht und Sie zahlen zu viel beziehungsweise Sie erkennen daran, ob Sie über den Tisch gezogen werden. Natürlich sind wir hier wieder bei dem Thema Mini-Lots, für die der Spread ansteigen kann.

Der Spread ist aber nicht alles! Dem einen oder anderen ist sicherlich schon der Begriff „Slippage" untergekommen. Damit ist die Spread-Erweiterung in volatilen Handelszeiten gemeint. Diese kann unter Umständen nur wenige Sekunden andauern, ist aber von äußerst großer Bedeutung, vor allem, wenn Sie einen SL gesetzt haben. In der Vergangenheit war die Spread-Erweiterung „die legal in den AGBs verankerte Möglichkeit, einen SL zu ziehen, obwohl dieser Kurs gar nicht am Markt gehandelt wurde".

Versiertere Devisenhändler legen bei der Brokerwahl großen Wert auf niedrige Spreads. Warum? Für aggressive Daytrader ist das von großer Bedeutung, weil sie kleinste Bewegungen handeln und den unberechenbaren Marktphasen sowieso aus dem Weg gehen.

Mit dem steigenden Umsatz am FX-Markt ist auch der Spread immer enger geworden. Momentan sind die Broker aber an ihrer Schmerzgrenze angekommen. Mehr und mehr ist daher die Tendenz zu beobachten, dass besonders die neuen Broker wieder eine Ordergebühr einführen. Dies gilt vor allem für diejenigen, die keinen Bankenstatus besitzen und alle Kundenorders durchrouten. Sie dürfen nicht vergessen, dass die Abwicklung der Geschäfte ein enorm hoher administrativer Aufwand ist. Eine Buchung für 10.000.000 oder für 1.000 ist die gleiche und kostet auf jeden Fall Geld. Stellen Sie sich vor, Ihr „Kontrahent" sitzt in Australien. Gelder müssen transferiert werden, das kostet. Damit der Broker auf seine Kosten kommt, wird er sich etwas einfallen lassen, also lieber einen ehrlichen Spread und keine versteckten Tricks.

Die Einführung einer Ordergebühr hat einen einfachen Hintergrund. Es gibt einen Handelsstil, der sich Scalping nennt. Scalper sind unbarmherzig. Sie kaufen und verkaufen am laufenden Band. 200 Trades am Tag sind da gar nichts. Der Handel läuft oft nur nach Intuition. Für eine technische Einschätzung bleibt meist nicht mehr die Zeit. Wer diesen sehr stressigen Handelsstil anwendet, wird meist nicht sehr alt. Irgendwann ist der Burn-out gekommen. Verstehen Sie mich nicht falsch: Ich verurteile die Scalper nicht im Geringsten, aber ich habe mich für einen anderen Weg entschieden. Ich komme aus Bayern und halte es eher mit der Gemütlichkeit. Aufregung hatte ich schon genug. Ich überlasse dieses Übertrading den Jüngeren. Wie schon angesprochen, bedeuten die Scalper einen hohen Aufwand für den Broker. Daher sind sie auch nicht gerade beliebt. Der neueste Trend ist das Scalping mit sogenannten Robots. Das heißt, die Trades werden von Computerprogrammen ausgeführt. Dazu kommen wir noch in einem späteren Kapitel.

Wie sieht der Traumkunde eines Brokers aus? Ganz einfach: Er ruft nie an, handelt mit einer großen Summe zwei Mal am Tag und „verbrennt“ sein Kapital nicht. Und ein guter Broker zeichnet sich vor allem durch Folgendes aus: Sie haben einen normalen Spread, einen guten Service in Ihrer Sprache, einen guten Support und keine Slippage.

Gehen wir auf ein paar Begriffe ein. Welche Art von Broker gibt es? Prinzipiell wird unterschieden in Market Maker, White Label Partner und Introducing Broker. Market Maker sind die größten Broker und haben als Kunden die White Label Partner.

Letzten Endes wickelt der Market Maker die Geschäfte des White Label Partners ab. Der White Label Partner verwendet eine Handelssoftware, die von dem Market Maker gestellt wird. Dies ist aber nicht zu erkennen, da die Handelsplattform „gebrandet“ wurde. Die unterste Stufe ist der sogenannte Introducing Broker. Seine Aufgabe besteht nur darin, den beiden anderen Brokertypen Kunden zuzuführen und diese zu betreuen. Dafür bekommt der Introducing Broker eine Provision.

Auf folgende Punkte möchte ich Sie gerne noch einmal dezidiert hinweisen:

Unter Slippage versteht man die Spread-Erweiterung in kritischen Marktsituationen. Problematisch wird dies, wenn der Broker den Spread so groß stellt, dass dadurch eine Stop-Loss-Marke von Ihnen gezogen wird, ohne dass dieser Kurs real am Markt gehandelt wurde. Stellen Sie sich vor, dass Ihr SL vom aktuellen Kurs zwölf Pips entfernt ist. Der Spread wird kurzfristig auf 15 Pips erweitert. Ihre SL-Marke wird dadurch berührt und ausgeführt, ohne dass dieser Kurs tatsächlich auf dem Markt gehandelt wurde. Anschließend wird der Spread wieder verringert und der Markt geht in Ihre Richtung. Wenn Ihr Broker so verfährt beziehungsweise Ihre Stopp-Marke so behandelt, wissen Sie schon, Sie sind an der falschen Adresse. Achten Sie daher darauf, dass Ihr Broker diese Spread-Erweiterungen nicht regelmäßig betreibt. In Ausnahmefällen ist es okay, den Spread um zwei bis drei Pips zu erweitern, das sollte es dann aber auch gewesen sein.

Ein sehr wichtiger Punkt ist, wann Ihre Gewinne oder Verluste auf Ihrem Konto verbucht werden. Nehmen wir ein Beispiel: Sie handeln AUD/USD (Australische Dollar gegen US-Dollar) und machen Gewinne. Die Frage ist jetzt: Wann und wie werden diese umgerechnet und Ihrem Euro-Konto gutgeschrieben? Viele Broker verbuchen sie sofort, aber mit einem enorm schlechten Umrechnungskurs. Dies fällt auf dem Konto nicht sonderlich auf, da es sich um kleinere Beträge handelt. Aber diese Beträge können sich ordentlich summieren.

Die Frage, die Sie sich auch stellen sollten, ist: Wo ist Ihr Kapital beheimatet. Ist es in Deutschland oder liegt Ihr Brokerkonto in einem Offshore-Land? Wie ist Ihr Kapital abgesichert? In Deutschland oder Großbritannien gibt es einen Einlagensicherungsfonds.

Damit sind wir auch schon beim nächsten Thema. Besitzt Ihr Broker Bankenstatus? Nur deutsche Banken sind dem deutschen Einlagensicherungsfonds angeschlossen, es sei denn, die kontoführende Stelle ist bei einer deutschen Bank. Dieser Fonds beziehungsweise diese Absicherung bezieht sich aber nur auf Ihr Kontoguthaben. In dem unwahrscheinlichen Fall einer Broker-Insolvenz, während Sie am Markt handeln, sind Sie nicht mehr abgesichert. Daher der Name Einlagensicherungsfonds und nicht Investmentsicherungsfonds.

Wichtig ist der Service. Oft gibt es sprachliche Hürden beim Support. Achten Sie daher bitte darauf, dass der von Ihnen gewählte Broker einen deutschsprachigen telefonischen Support anbietet. Auch verschiedene Zeitzonen sind von Bedeutung. In den Randzeiten wird in der Regel wenig kompetentes Personal eingesetzt. Dies kann bei technischen Problemen sehr unangenehm für Ihre Position und Ihr Geld werden.

Wie gut ist die Handelsplattform? Wie umfangreich ist sie? Entspricht die Bedienbarkeit Ihren Vorstellungen und Bedürfnissen? Finden Sie die Indikatoren, mit denen Sie handeln wollen?

Wie schnell wird Ihre Order ausgeführt? Dauert es mehr als eine Sekunde, dann vergessen Sie diesen Broker.
Ist die Handelssoftware browser- oder softwarebasiert? Browserbasiert bedeutet, dass Sie sich von jedem Internetanschluss dieser Welt aus auf dem Server Ihres Brokers einloggen können. Aus Sicherheitsgründen haben größere Broker auf diese Lösung verzichtet und verlangen einen Download einer Basissoftware auf Ihren Rechner, die anschließend mit einem Datenfeed versorgt wird.
Dies ist ein zusätzlicher Schutz für Ihr Konto, da nur dieser Rechner mit dieser Software Zugriff auf Ihr Konto hat. Meist greifen die Händler, die mobil sein müssen, allerdings auf die browserbasierte Lösung zurück.
Das wären die wesentlichen Punkte, die Sie bei der Wahl eines Devisenbrokers beachten sollten. Denken Sie bitte immer daran: Billig muss nicht gut sein. In der Regel wechseln erfahrene Trader nach einigen Jahren den Broker. Ich glaube aber, dass dabei eher Neugier oder technische Finessen eine Rolle spielen und nicht Unzufriedenheit.
Folgende Broker sollten Sie sich meiner Meinung nach einmal näher anschauen: Saxo Trader, Active Trades, Alpari, FXGM und Dukascopy. Machen Sie sich aber bitte nach meiner obigen Liste selber ein Bild, was am besten zu Ihnen passt. Sollten Sie unsicher sein, helfe ich Ihnen gerne. Nutzen Sie einfach meine E-Mail-Adresse und ich werde Ihnen gerne mit Rat zur Seite stehen, wenn Sie sich für einen Forex-Broker entscheiden wollen: danielfehring1@gmail.com.

II.

ERFOLGSERPROBTE HANDELSSYSTEME FÜR DEVISEN-TRADER

Einleitung

Das vorliegende Kapitel ist das Ergebnis, gewissermaßen der Extrakt, aus 22 Jahren Handels- und Markterfahrung. Sie finden in diesem Buch all die Erkenntnisse und Einsichten, die ich mir bereits vor 22 Jahren gewünscht hätte. Ich bin der Meinung, dass Wissen und Erfahrung immer weitergegeben werden sollten. Viele erfolgreiche Trader gehen damit jedoch gänzlich anders um. Sie befürchten, dass ihr Wissen gegen sie verwendet werden kann.

Ich sage: Eine solche Einstellung ist völliger Unsinn. Warum? Wenn Sie zehn Trader mit ein und demselben Handelskonzept in einen Trading-Raum sperren, garantiere ich Ihnen, dass zehn unterschiedliche Handelsergebnisse herauskommen. Aus genau diesem Grund ist es vollkommen unbedenklich, wenn ein guter Trader sein Wissen und sein Handelskonzept weitergibt. Es gibt aber auch noch einen zweiten, mindestens genauso gewichtigen Grund: Wasser, das nicht fließt, fängt an zu riechen und wird zu Brackwasser. Lifelong learning ist keine Plattitüde. Es ist Pflicht, ob nun für Trader oder alle anderen Berufsgruppen. Jeder mündige Mensch muss dazulernen und sich austauschen. Wir müssen – um im Bild zu bleiben – versuchen, alles „im Fluss" zu halten.

Ein weiterer Punkt ist mir eine Herzensangelegenheit: Bitte seien Sie aufrichtig. Was genau ist Ihre Motivation, über die Forex zu handeln? Warum lesen Sie dieses Buch? Beantworten Sie diese Fragen ganz ehrlich. Ich habe es selber erlebt und möchte Ihnen einen wichtigen Rat geben: Bitte befassen Sie sich mit der Forex nicht nur, weil Sie mehr Geld verdienen wollen. Reine Geldgier ist eine sehr schlechte Ausgangsbasis.

Daher meine Bitte an Sie: Begeben Sie sich erst dann in den größten und spannendsten Markt der Welt, wenn Sie gewissermaßen mit sich im Reinen sind. Schaffen Sie eine gute Basis für sich selbst. Denken Sie gründlich nach und arbeiten Sie einen Plan aus.

Ihr persönlicher Tradingplan

Ohne Plan geht gar nichts. Setzen Sie sich daher Ziele. Mein Vorschlag an dieser Stelle ist, ein kurzfristiges, ein mittelfristiges und ein langfristiges Ziel für Ihr persönliches Trading zu formulieren. Konkret meine ich damit, dass Sie gewisse Summen oder Prozentsätze festlegen sollten, die Sie in bestimmten Zeiträumen erwirtschaften möchten.

Ohne Ziel können Sie nicht ankommen. Zuerst müssen Sie sich also darüber im Klaren sein, was Sie erreichen wollen und vor allem wann. Wenn diese Punkte geklärt sind, können Sie berechnen, wie viel Kapital Sie benötigen. Gehen Sie aber bitte immer davon aus, dass Ihr Hebel nicht größer als 10 sein sollte.

In Ihrem Plan sollte auch ein ganz wichtiger Punkt enthalten sein, nämlich Ihr Wissensstand und Ihr Erfahrungsgrad. Mit der Lektüre dieses Buches haben Sie schon den ersten Schritt getan, sich weiterzubilden.

Denn auch die Märkte entwickeln sich stets weiter. Sie müssen auf dem Laufenden sein und bleiben. Es sollte Ihnen Spaß bereiten, gut informiert zu sein. Sie werden zum Experten und nach kurzer Zeit wird Ihr Umfeld auf Sie zukommen und um Rat fragen, eben weil Sie der Experte sind. Das ist ein schönes Gefühl. Bitte beachten Sie aber bei Ihren Zielsetzungen, dass diese

realistisch sind. Es nützt Ihnen nichts, wenn Sie sich zu schnell unter zu hohen Druck setzen.
Die größte Fehlerquelle beim Erstellen eines Tradingplans ist, dass unvermeidliche Rückschläge oder sogenannte Drawdown-Phasen nicht berücksichtigt werden. Glauben Sie mir: Solche Phasen kommen und sie belasten Ihre Psyche sowie Ihr Konto. Wenn Sie Drawdown-Phasen aber bereits in Ihren Planungen berücksichtigen, setzen Sie sich nicht noch zusätzlich unter Druck.
Unter Druck handelt niemand gut. Besonders der selbst erzeugte Druck, nach einer Verlustserie in kürzester Zeit unbedingt aufholen zu müssen, lässt viele Anfänger scheitern. Denn genau dann werden große Risiken eingegangen, die Hebel werden immer größer, es wird nahezu alles gehandelt und das Ende vom Lied ist dann meistens das finanzielle Aus. Halten Sie sich also bitte an die drei wichtigsten Regeln beim Handeln:

Disziplin, Disziplin, Disziplin!

Handelsstil – Die Übertreibung

Kommen wir zu dem wichtigsten Thema dieses Buches, dem möglichen Handelssystem. Ich sage deshalb „mögliches Handelssystem", da jeder diesen Legobaukasten anders verwenden wird. Das ist in meinen Augen nur begrüßenswert.
Bisher ging es vor allem um die Theorie. Ich habe Sie auf viele Dinge aufmerksam gemacht, die Sie als Händler benötigen. So weit, so gut, aber es gibt ja spätestens ab jetzt eine Zielsetzung,

ein Money-Management und hoffentlich auch genügend Kapital zum Arbeiten.

Fangen wir bei den Basics an. Was bewegt einen Markt? Oder bewegt der Markt uns? Oder ist es eine Kombination? Die Antwort lautet: Auf dem Forex-Markt ist es so wie immer im Leben. Es ist eine Kombination aus beiden Komponenten.

Eine größere Marktbewegung fängt langsam an. Die Dynamik baut sich erst mit der Zeit auf und die Geschwindigkeit nimmt am Ende einer Bewegung zu. Die Chartbilder der Umkehrpunkte sehen zu 80 Prozent immer gleich aus. Der Chart bildet Spitzen.

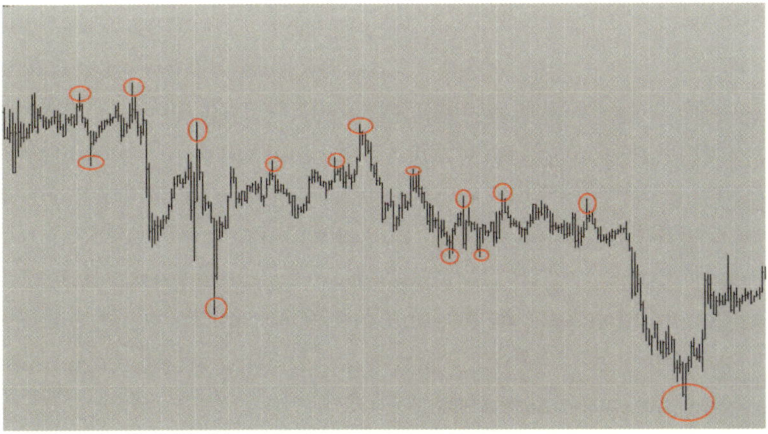

Wie kommen diese Spitzen zustande? In Händlerkreisen wird eine solche Spitze „The Final Kiss" genannt. Sie erkennen eine Übertreibung ganz leicht: Es reißt einfach übertrieben lang nach oben oder nach unten aus.

Alle Märkte verlaufen nach diesen Mustern. Der obige Chart zeigt Ihnen USD/CHF im 15-Minuten-Zeitfenster (ich hätte auch jeden anderen beliebigen Chart in jeder anderen beliebigen Zeiteinstellung nehmen können).

Die Frage ist: Wie entstehen solche Übertreibungen und wie kann ich sie für meine Handelstätigkeit nutzen? An diesen neuralgischen Punkten sind einfach sehr viele Orders im Markt platziert. Beim Erreichen einer bestimmten Kursmarke gibt es noch einmal den letzten Schub für eine Bewegung, es ist eine Art Kettenreaktion. Eine Order löst die andere aus und der Markt wird sehr schnell. Wenn alle Orders abgearbeitet wurden, ist die Luft raus aus dem Markt. Nachfrage ist keine mehr vorhanden und der Kurs bricht genauso schnell wieder zusammen, wie er gestiegen ist.

Dieses Bild können Sie wie gesagt in jeder beliebigen Zeiteinstellung sehen – im 1-Minuten-Chart wie auch im Tageschart. Lassen Sie es mich bildlich ausdrücken: An diesen Punkten kämpfen zwei grundsätzliche Emotionen um die Vorherrschaft – einmal die Angst und einmal die Gier. Beide Gefühlszustände sind gleichermaßen negativ und machen den Menschen (auch den Trader) schwach. Dies können Sie sich zunutze machen und in Gewinne verwandeln, denn dieser Kampf ist so alt wie die Menschheit und er wird auch an den Finanzmärkten immer wieder ausgefochten werden.

Genau auf dieser Tatsache, dass es an den Märkten immer wieder zu Übertreibungen kommt, die in der Folge ausgeglichen werden, ja werden müssen, beruht mein kompletter Handelsansatz.

Wie die möglichen Umkehrpunkte aussehen, haben wir nun erörtert. Leider erkennt man sie erst hinterher zweifelsfrei. Sie können die Punkte erahnen, aber wann der „Final Kiss“ wirklich eintritt, kann Ihnen niemand mit letzter Gewissheit sagen.

Nur Ihr Handelssystem kann Ihnen einen Anhaltspunkt geben, wann er kommen wird.
Es gibt unzählige Bücher über die Technische Analyse. In jedem werden Sie gewisse Indikatoren und deren vermeintliche Einstellungen finden. Würden diese uneingeschränkt funktionieren und jeder würde diese auch so handeln, dann müsste gemäß der Theorie jeder am Markt Geld verdienen. Sie müssten nur ein Buch lesen und schon hätten Sie die Anleitung zum Reichwerden. Die Realität sieht aber leider anders aus. Sich das Wissen anderer anzueignen ist immer gut und erweitert den Horizont. Man sollte aber das gesammelte fremde Wissen sortieren und beurteilen können. In der Fachliteratur gibt es nur wenige Sätze, die einem tatsächlich weiterhelfen werden. Viele gelesene Bücher, viele besuchte Seminare und Ihre gesammelten Erfahrungen zusammen ergeben dann im Laufe der Jahre Ihr eigenes Buch.

Die richtigen Indikatoren

Ich möchte voranstellen, dass es viele erfolgreiche Handelssysteme gibt. Technische Indikatoren sind ein Hilfsmittel, um Ihr Handeln zu objektivieren – um Emotionen und das Bauchgefühl auszuschalten. Alle Indikatoren haben ihre Stärken und ihre Schwächen. Da der „Heilige Gral" des Tradings nicht existiert, werden die unterschiedlichsten Indikatoren mit den unterschiedlichsten Einstellungen genutzt.
Ich stelle Ihnen im Folgenden mein System vor, ein System, das ich durch jahrzehntelange Arbeit entwickelt habe. Für meinen Handelsstil und meine Ziele funktioniert es einwandfrei.

Auch für Sie wird es funktionieren, wenn Sie sich an die Regeln des Money-Managements halten.

Fibonacci

Auf dieses Werkzeug sollte kein Trader verzichten. Die sogenannte Fibonacci-Folge wurde entwickelt von einem der genialsten Mathematiker der Welt: Leonardo da Pisa, auch Fibonacci genannt. Leonardo lebte im 12. und 13. Jahrhundert, war Sohn eines Diplomaten und studierte in Afrika Mathematik. Er beschäftigte sich unter anderem eingehend mit den ägyptischen Pyramiden. Zu dieser Zeit gab es die römischen Zahlen, ein Komma war nicht bekannt und Minuszahlen waren noch nicht erfunden. Er benötigte ein anderes Zahlenwerk für seine Berechnungen. Dafür kamen zu dieser Zeit nur die sogenannten arabischen Zahlen infrage, die Zahlen, die uns heute geläufig sind. Mit diesem Zahlenwerk, dem indisch-arabischen, war er nun in der Lage, genauere Rechnungen durchzuführen.
Leonardo da Pisa erfand unter anderem den Goldenen Schnitt. Alle seine Berechnungen bezogen sich auf die Berechnungen von Strecken und Verhältnismäßigkeiten dieser Strecken zu anderen. Jede Treppenstufe, über die Sie laufen, basiert auf den Erkenntnissen von Leonardo da Pisa. Sie merken sofort bei einer Treppe, ob sie angenehm ist oder nicht. Der Grund: Angenehm zu erklimmende Treppen passen zu unserem Körper, zum Größenverhältnis von Armen und Beinen. Der Goldene Schnitt ist die mathematische Zusammenführung von Natur und menschlichen Bauwerken. Er sorgt für die Harmonie in unseren Bauwerken.

Es hat Jahrhunderte gedauert, doch auch in die Finanzwelt hat Fibonacci Einzug gehalten. Die Charttechnik übernahm die Streckenberechnungen von Fibonacci, mit erstaunlichen Ergebnissen. Die sogenannten Fibonacci Retracements liefern Ihnen keine Handelssignale, aber Widerstände und Unterstützungen sind sehr deutlich zu erkennen.

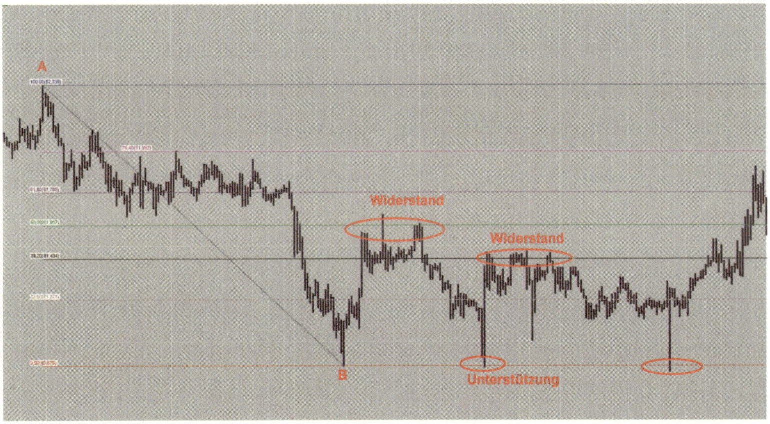

Moderne Handelsprogramme stellen uns alle technischen Möglichkeiten zur Verfügung. Das Einzeichnen von Fibonacci Retracements wird Ihnen jeder moderne Forex-Broker ermöglichen.

Und so funktioniert es vom Grundsatz: Hat ein Kurs eine gewisse Strecke zurückgelegt, dann baut der Markt ein Rückschlagpotenzial (Retracement) auf. Für uns als Trader ist es jetzt wichtig zu wissen, wie groß dieses Rückschlagpotenzial ist und wo sich die nächsten Widerstände oder Unterstützungen befinden. In der oberen Grafik erkennen Sie Hoch- und Tiefpunkte einer Bewegung. Die einzelnen Fibonacci-Linien, die Sie am linken

Rand als Zahlen und als farbige Parallel-Linien im Chart erkennen, dienen als Widerstände und Unterstützungen. Die wichtigsten Linien liegen bei 38 und 50. Auf den Pip genau können diese Linien nicht bestimmt werden. Aber wenn sich die Frage stellt, wann eine Position geschlossen werden sollte, dann sind diese Linien ein guter Ratgeber. Sehr viele Händler halten sich daran.

Betrachten Sie den Chart genau und dann stelle ich Ihnen nochmals die Frage: Macht der Mensch den Markt oder macht der Markt den Menschen? Ich finde es immer wieder verblüffend: Jemand hat vor Hunderten von Jahren Gesetzmäßigkeiten aufgestellt, die heute selbst auf dem schnellsten Markt der Welt immer noch Gültigkeit haben.

Ich könnte Ihnen an dieser Stelle Tausende von Beispielen zeigen, wie passgenau diese Retracements sind. Ich arbeite mit diesen besonderen Linien in großen Zeitfenstern, ab 30 Minuten aufwärts. Diese Betrachtungen sollen uns einen Überblick verschaffen, wohin die Reise gehen wird und wann der Kurs stehen bleiben wird. An den „Fibo-Linien" wird der Kurs sehr häufig verharren. Das verschafft uns Zeit, um die Lage neu einzuschätzen. Im Zweifelsfall verabschieden Sie sich an dieser Stelle von Ihrer Position, wenn die restlichen Indikatoren, zu denen ich im Folgenden komme, auch ausgereizt sind.

Stochastik

Profi-Trader meiden Seitwärtsbewegungen. Sicher können selbst in Pendelmärkten ein paar Pips Gewinn eingefahren werden. Doch in der Regel sind sie die Vorboten von heftigen

Bewegungen, die man aber erst handeln sollte, wenn man genügend Hinweise hat, wohin sich die Kurse bewegen werden. Die Indikatoren in Ihrem gewohnten Handelszeitraum beziehungsweise in den Standardeinstellungen geben Ihnen meist keine vernünftige Auskunft darüber. Es gibt dennoch Mittel und Wege, Seitwärtsbewegungen in den Griff zu bekommen. Eine Seitwärtsbewegung zeichnet sich dadurch aus, dass eine Handelsspanne eingehalten wird, sowohl nach unten als auch nach oben. Schauen wir uns noch einmal den Chart mit den Fibonacci-Retracements an:

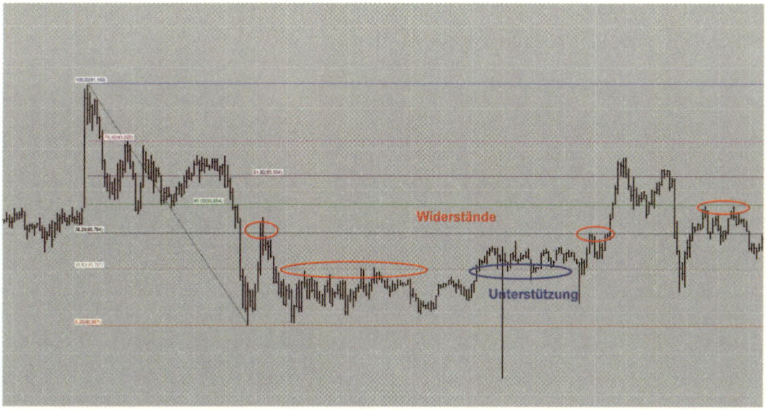

Wir haben es hier mit einer recht volatilen Seitwärtsbewegung zu tun. Charakteristisch ist, dass ähnlich hohe Hoch- und ähnlich tiefe Tiefpunkte markiert werden. Auskunft darüber, wie Sie diesen Pendelmarkt handeln sollten, gibt Ihnen am ehesten ein Blick auf die nächsthöheren Zeitebenen. Dann werden Sie in der Lage sein zu erkennen, ob der Markt sich in einem übergeordneten Aufwärts- oder Abwärtstrend befindet.

Mein Tipp: Wenn Sie in den nächsthöheren Zeitfenstern einen Aufwärtstrend identifizieren, sollten Sie auch immer nur die Long-Signale handeln. Diese Geduld sollten Sie aufbringen.

Im Beispiel unten sehen wir große Bewegungen. Händler nennen sie auch Swings. Um solche Swings zu handeln, arbeite ich mit der guten alten Stochastik. Sie hilft mir dabei, Übertreibungen des Marktes auszumachen. Vergessen Sie die Standardeinstellungen und wählen sie die Parameter 15.3.3. Das Prinzip ist simpel: Ist die Stochastik bei Werten über 80 im oberen Extrembereich, dann verkaufen Sie. Erreichen beide Linien bei Werten von unter 20 den unteren Extrembereich, dann gehen Sie long. Das klingt banal, aber erfolgreiche Rezepte müssen nicht immer kompliziert sein.

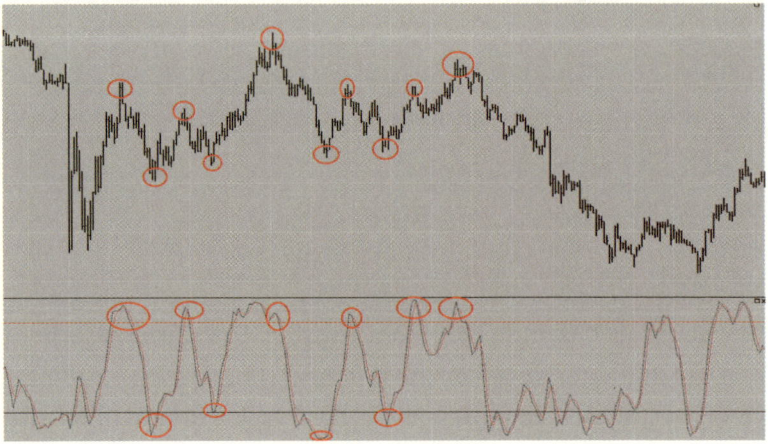

Wichtig ist, dass die Stochastik sich immer in den Extrembereichen befunden hat und diese wieder verlässt. Ebenso wichtig ist, dass eine Seitwärtsbewegung einen Anfang und ein Ende hat. Es gibt eine alte Händlerregel: Das Spiel mit dem Hin und Her wird in der Regel nicht öfter als drei Mal praktiziert. Daher sollten Sie nach zwei bis drei erfolgreichen Trades auf andere Währungspaare umsteigen, um nicht der Versuchung zu erliegen, erneute Trades einzugehen. Ansonsten geht der Krug zum Brunnen, bis er bricht.

Zurück zur Stochastik. Mit diesem altbekannten Indikator können Sie viel erreichen. Dennoch sollten Sie sich bewusst sein, dass die Stochastik sich nicht automatisch umkehrt, wenn diese im Extrembereich angekommen ist. Im Falle eines starken Trends verharrt die Stochastik sehr lange Zeit im Extrembereich.

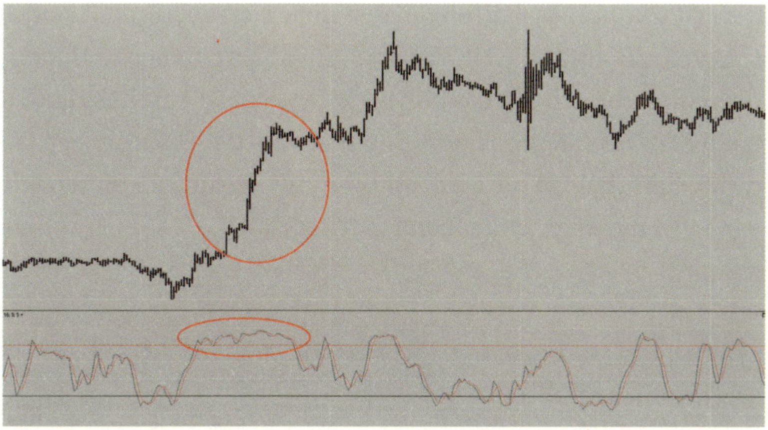

Man könnte hier auch von einer Divergenz sprechen. Es war nur eine Frage der Zeit, bis die Korrektur eintreten würde, aber ob unser Money-Management dieses Aussitzen der Position zugelassen hätte, ist fraglich. Wenn Sie den rechten Rand des Chartfensters betrachten, können Sie raten, in welche

Richtung die nächste Bewegung des Kurses ging. Die Auflösung: Die Aufwärtsbewegung war noch nicht ganz zu Ende und erst dann ging es richtig gen Süden. Das zeigt uns deutlich, dass die Stochastik in vielen Bereichen hilfreich, aber als Indikator alleine nicht verlässlich genug ist. Wir benötigen noch feinere Instrumente.

Divergenzen

Betrachten wir das nächste Hilfsmittel, das uns erlaubt, Devisen erfolgreich zu handeln. Was ist eigentlich eine Divergenz? Eine Divergenz entsteht, wenn aus Indikatoren-Sicht die Luft aus dem Markt heraus sein sollte, der Kurs sich aber in die eingeschlagene Richtung weiterbewegt. Dies führt immer zu Gegenbewegungen. Aber Vorsicht, eine Divergenz kann sich auch mehrmals ausbilden. Je größer die Anzahl der Divergenzen ist, desto stärker wird die Gegenbewegung ausfallen. Fangen wir zunächst mit einer einfachen Divergenz an.

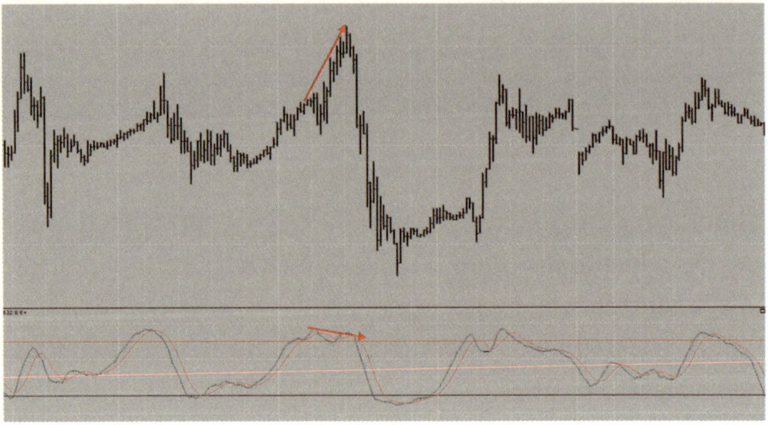

Divergenzen kennzeichnen Übertreibungen. Schauen wir uns die Grafik an. Die Stochastik steigt an und doch musste der Kurs noch einen Hochpunkt ausbilden. Wenn die Stochastik und der Kursverlauf nicht übereinstimmen, ist der Markt nicht in Harmonie. Was in der Regel folgt, ist eine relativ starke Gegenbewegung, wie Sie es auch im Chart nach Ausbildung des Hochs erkennen können – lange Balken in Abwärtsrichtung, nachdem der Chart dem Abwärtstrend der Stochastik „hinterherhing". Merken Sie sich die Regel: Je häufiger eine Divergenz auftritt, desto stärker wird die Gegenreaktion ausfallen.

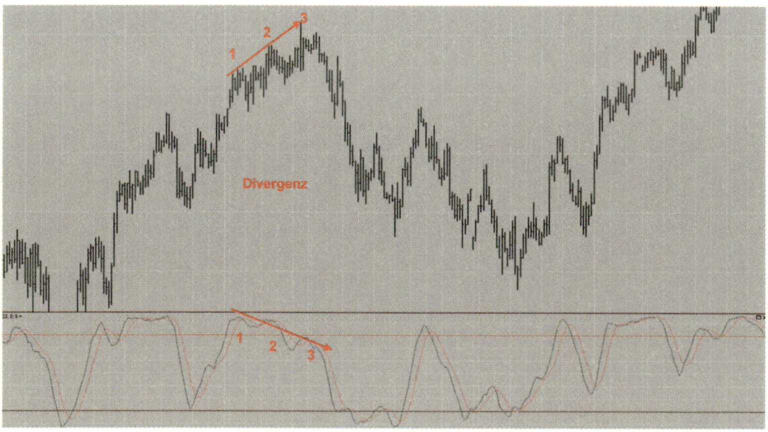

In dieser Grafik können Sie eine Dreier-Divergenz erkennen. Fakt ist, die Stochastik fällt, wohingegen der Kurs neue Hochs ausbildet. Wenn Sie nach Trades mit einer hohen Wahrscheinlichkeit beziehungsweise Trefferquote suchen, dann sehen Sie gerade ein Modellbeispiel vor sich. Wenn Sie eine Dreier-Divergenz handeln, liegen Sie zu 85 Prozent richtig. Befindet sich die Stochastik im Extrembereich und der Kurs zieht trotzdem dreimal weiter in die vorherige Richtung, dann sollten Sie Ihre Orders gegen diese Richtung platzieren. Liegt die Stochastik also über 80, gehen Sie short. Befindet sie sich unter 20, dann gehen Sie long.

Ich kenne viele Trader, die sich alleine auf dieses Handelsmodell spezialisiert haben. Divergenzen treten natürlich in allen Zeitebenen auf. Schauen wir im Chart auf die weitere Kursentwicklung, finden wir noch ein Divergenz-Beispiel für die Long-Seite.

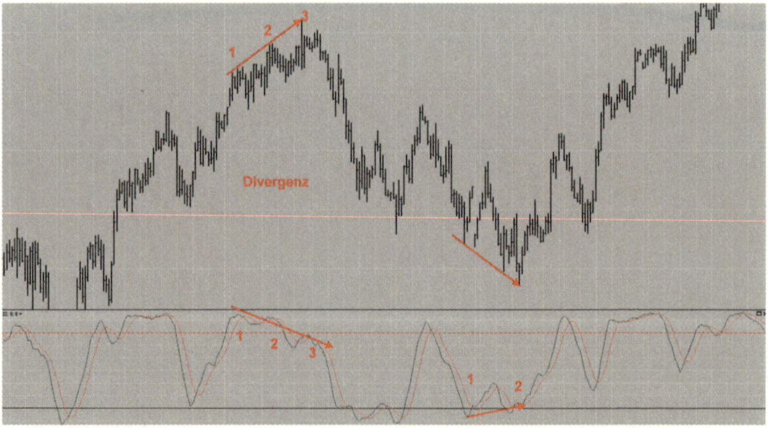

Zugegeben, die zweite Divergenz ist nur eine einfache und nicht in dem Maße ausgeprägt wie die erste. Dennoch bringen solche Trades viele Pips, in unserem Fall 34. Sollten Sie mit diesem Handelsansatz arbeiten, werden Sie merken: Mit einem vernünftigen Money-Management und ein wenig Geduld beim Warten auf die richtigen Momente ist mit kleinsten Mitteln und einem der ältesten Indikatoren überhaupt sehr viel Geld zu verdienen.

Natürlich sind Divergenzen nicht auf den ersten Blick zu erkennen. Der Markt muss fast mikroskopisch betrachtet werden, doch daran werden Sie sich gewöhnen. Gute Händler sind sehr akribisch in der Beobachtung der Märkte. Es können sehr kleine Anzeichen sein, die ihnen die weitere Entwicklung des Marktes anzeigen. Noch ein Beispiel:

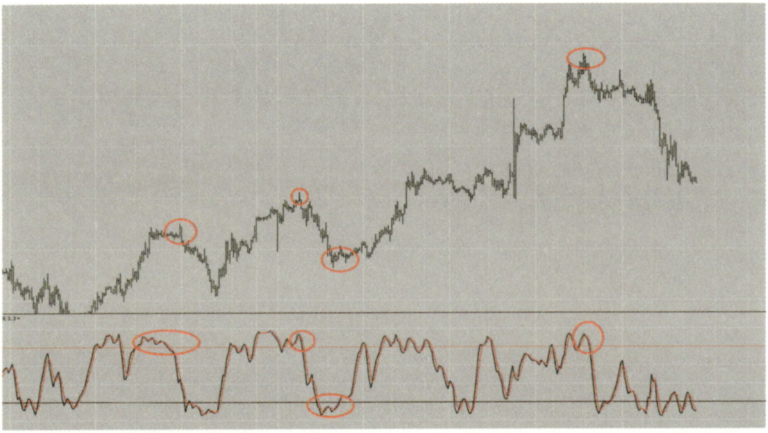

30-Minuten-Chart GBP/USD

Die Grafik soll Ihnen veranschaulichen, wie oft es zu klaren Divergenzen kommt. Wir sehen einen 30-Minuten-Chart. Sie werden zugeben, dass es sehr lukrativ war, all diese Divergenzen zu handeln. Außerdem werden Sie zugestehen, dass allein die Kombination von Stochastik mit Divergenzen ein sehr machtvolles Handelssystem darstellt.

Fassen wir noch einmal die wichtigsten Punkte unseres Handelssystems zusammen.

Die Stochastik 15.3.3 befindet sich im absoluten Extrem. Dieses wird bei den meisten Chart- oder Brokerprogrammen mit der 80er- (rot) und der 20er- (schwarz) Linie kenntlich gemacht.

Die Bestätigung zum Einstieg wird Ihnen ober- und unterhalb der 20er- und 80er-Linie gegeben. Die Stochastik bildet also konträre Highs und Lows zum Kursverlauf aus.

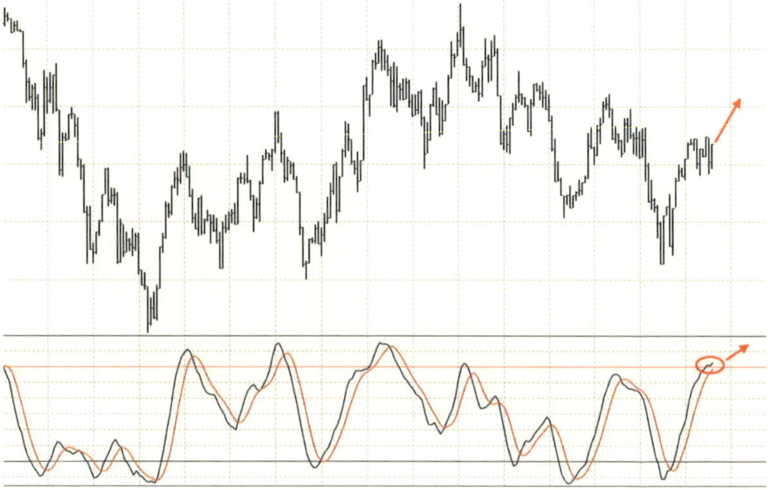

Dieser kleine Haken verrät Ihnen sehr viel. Die Bewegung geht weiter und fängt erst jetzt richtig an zu laufen. Sind Sie auf der falschen Seite positioniert, dann verabschieden Sie sich bitte von Ihrer Position. Das vorzeitige Glattstellen einer Position nennt man auch Cutten. Es fällt schwer und erfordert einen starken Willen, denn Sie gestehen sich selbst ein, dass Ihre Position nicht aufgehen wird. Lernen Sie zu cutten. Das gehört zu unserem Geschäft. Das Spiel heißt nicht nur kaufen oder verkaufen. Das kann jeder, mit einem Mausklick ist es getan. Erst die Fähigkeit, auch verlustreduzierende Entscheidungen treffen zu können, macht Sie zu einem Händler. Wenn Sie diesen Status erreicht haben, können Sie wirklich stolz auf sich sein.

Bewegungs- und Trendhandel

Der Traum eines jeden Händlers ist es, den berühmten Umkehrpunkt erkennen zu können. Dann befindet man sich auf jeden Fall auf der sicheren Seite und die Position ist von Anfang an im Plus.

Manchmal wird es Ihnen gelingen. Tragen Sie diesen Trade in Ihren Kalender ein. Es kommt sehr selten vor, dass Sie einen Trendwechsel exakt treffen, und es sollte auch nicht Ihr oberstes Ziel sein. Viel sicherer ist es, auf eine Bestätigung der Umkehr zu warten und dann ein Stück aus dem zukünftigen Trend für sich zu nutzen. Ein Stück deshalb, weil es sehr schwer ist einzuschätzen, wie lange die neue Bewegung andauern wird. Es gibt allerdings eine kleine Faustformel, die Sie als Anhaltspunkt nehmen können.

Die Länge einer Bewegung hängt vom Zeithorizont ab. Marktbewegungen im 1-Minuten-Bereich dauern circa zehn Pips, Marktbewegungen im 5-Minuten-Bereich circa 20 bis 30 Pips an. Im 30-Minuten-Zeithorizont laufen Bewegungen im Bereich von 60 bis 80 Pips.

Die übergeordnete Marktrichtung spielt dabei eine entscheidende Rolle. Befindet sich der Markt in einem Aufwärtstrend, dann wird die Gegenbewegung im 5-Minuten-Bereich kleiner ausfallen als die sich daran anschließende Aufwärtsbewegung. Überprüfen Sie daher stets, in welcher Marktphase Sie sich befinden, und seien Sie sich daher auch immer bewusst, in welche Richtung Sie traden: mit dem Trend oder gegen den Trend.

Es folgt eine Grafik, die veranschaulicht, wie ein Trend oder eine größere Bewegung abläuft.

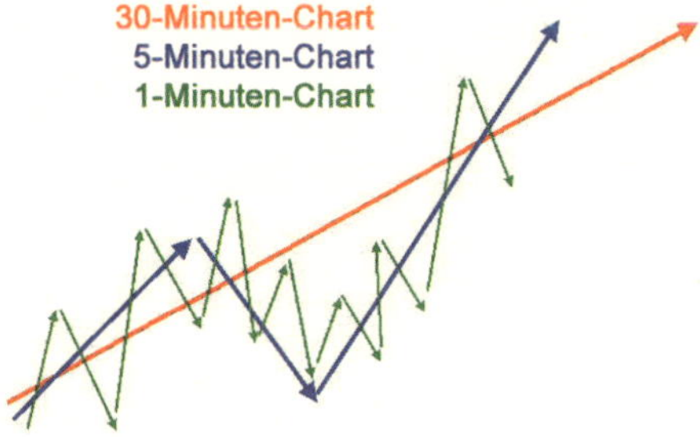

Die Grafik soll verdeutlichen, dass Sie erkennen müssen, welches Zeitfenster Sie wählen sollen. Auf jeden Fall müssen Sie den übergeordneten Trend erkennen. Im Beispiel sehen Sie einen langen Aufwärtstrend. In einem solchen Fall sollten Sie die Short-Signale ignorieren und nur auf der sicheren Seite long in den Markt gehen. Selbst bei einem falschen Timing für den Einstieg wird sich der Kurs wieder erholen.

Sie müssen nur noch entscheiden, auf welcher Zeitebene Sie handeln wollen. Ich würde Ihnen empfehlen, nicht über die 30 Minuten hinauszugehen, da ab dieser Ebene die Indikatoren zu stark verzerrt werden. Sie können nicht mehr erkennen, ob der Trend nicht schon abgeschlossen ist. Den Wendepunkt werden Sie in einem Tageschart erst nach vier bis acht Tagen erahnen können. Eine Bestätigung bekommen Sie vielleicht erst nach einem Monat. Diese langfristige Betrachtungsweise ist für unseren Handel nicht relevant. Eine Fluggesellschaft wie die Lufthansa, die den Dollarpreis für das notwendige Kerosin auf ein Jahr kalkulieren muss, denkt in diesem Zeitfenster. Das Zeitfenster von uns Daytradern ist hingegen der 5-Minuten- und der 1-Minuten-Chart.

Moving Averages (Gleitende Durchschnitte)

Ein altes, aber immer noch bewährtes Hilfsmittel sind die „Moving Averages", zu deutsch: Gleitende Durchschnitte. Hier gibt es verschiedene Auffassungen. Manche benutzen MAs in sehr kurzen Einstellungen. Ich nutze unterschiedliche MAs, um Übertreibungen zu erkennen. Sie sind praktisch das letzte Quäntchen bei einer Handelsentscheidung.

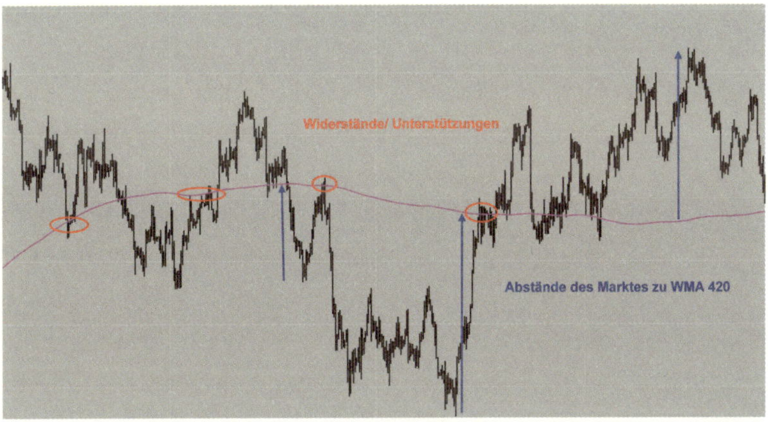

Der obige Chart zeigt Ihnen USD/CHF im 30-Minuten-Bereich. Diese Betrachtung ist bis zu 30 Minuten vertretbar. Sie sollte auch nur zur groben Einschätzung dienen. Im Chart können Sie folgende Dinge erkennen: Der MA in der Einstellung 420 fungiert sowohl als Widerstand als auch als Unterstützung. Fakt ist, wenn sich der Kurs zu weit von dem 420er-MA entfernt, dann strebt der Kurs wieder Harmonie an und kehrt zurück. Dies ist die 420er-Linie. Die berühmte „100-Tage-Linie" ist eine Erfindung der Medien. Vergessen Sie diesen Gleitenden

Durchschnitt. Er hat für den Devisenmarkt keinerlei Relevanz, er findet höchstens Anwendung beim längerfristig ausgelegten Handel mit Aktien.

Bei der 420er-Linie ist es anders. Der Kurs wird immer zur 420er-Linie zurückkehren. Dieser grobe Anhaltspunkt gibt Ihnen aber keine Aufschlüsse über den Zeitpunkt der Rückkehr. Doch als Faustregel gilt: Je größer der Abstand, desto wahrscheinlicher ist es, dass der Wendepunkt in Reichweite ist.

Sie erkennen im Chart außerdem, dass sich der Kurs bei Erreichen der MA-Linie eine ganze Weile aufhält oder sogar abprallt. Sie dient als Widerstands- oder Unterstützungslinie. Um den MA zu durchbrechen, bedarf es einer sehr schnellen Bewegung, die meist durch Wirtschaftsdaten ausgelöst wird.

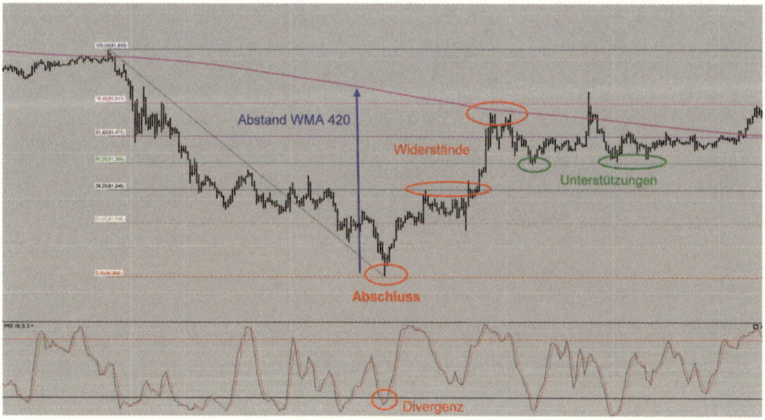

Beispiel aus der Praxis

Sie haben jetzt schon einiges über Indikatoren, Divergenzen und Gleitende Durchschnitte gelernt. Setzen wir alles zusammen und stürzen uns in die Praxis.

Wie gehen Sie an den Markt heran? Sie starten mit der Marktbeobachtung. Zunächst überprüfen Sie die allgemeine Marktlage. In unserem Fall herrscht aktuell kein Trend vor. Wir befinden uns in einer breiten Seitwärtsbewegung. Als Erstes fällt die Divergenz in der Stochastik 15.3.3 auf. Wir erwarten einen steigenden Kurs. Somit kann angenommen werden, dass die mustergültige Kursspitze der Abschluss der Abwärtsbewegung war.

Jetzt sollten Sie ermitteln, wie weit der Kurs in die Gegenrichtung laufen kann. Dafür kommt wieder unser Leonardo da Pisa oder Fibonacci ins Spiel. Wir zeichnen die „Fibos“ ein, indem wir den Höchst- mit dem Tiefstpunkt verbinden. Die einzelnen Fibo-Linien sind im Chart zu erkennen. Wie schon besprochen, sind die wichtigsten Linien 38 und 50. Betrachten Sie den Chart in Ruhe. Genau an diesen Linien stößt der Kurs häufiger an und prallt ab. Im harmlosesten Fall verharrt der Kurs genau an diesen Linien.

In dem Chart gibt es noch eine Besonderheit. Am Ende der Aufwärtsbewegung fallen die 61er-Fibo-Linie und der MA 420 zusammen. In einem solchen Fall erhält der Widerstand oder die Unterstützung dort eine doppelte Gewichtung. Sie kennen jetzt also die potenziellen Widerstände und würden kurz vor diesen Widerständen Ihren Take Profit in den Markt legen.

Die Widerstände und Unterstützungen sind nicht auf den Pip genau zu sehen, da es an diesen Punkten immer zu unkalkulierbaren „Stop-Loss-“ und „Take-Profit-Lawinen“ kommt. Wie stark diese ausfallen, kann keiner im Vorfeld wissen. Setzen Sie daher Ihre Stopps und Take Profits nicht zu nahe an diese Linien.

Diese Betrachtung ist schon sehr hilfreich, sie stellt aber noch kein komplettes Handelssystem dar. Alle bislang eingezeichneten Indikatoren sind nur eine Hilfestellung für die allgemeine Markteinschätzung.

Erfolgreiche Handelssysteme sind wesentlich präziser. Oftmals verhält es sich allerdings so, dass man wegen der vielen Indikatoren den Wald vor lauter Bäumen nicht mehr sieht, speziell wenn Sie ein wenig „überhandelt" sind. Es gibt nur wenige Situationen, in denen alle Indikatoren wirklich zusammenspielen. Das heißt, ein Gegenargument für einen Trade werden Sie immer finden.

Die Folge davon ist natürlich, dass Sie versuchen, einfachere Systeme für Ihren Börsenandel anzuwenden, aber nur jemand mit entsprechend viel Erfahrung sollte dazu übergehen. Erfahrene Trader können die immer wiederkehrenden Chartbilder erkennen. Nach einer gewissen Zeit ist das Handelssystem nur noch der zweite Ratgeber.

Falls Sie ein persönliches Handelssystem entwickelt haben, ist die beste Übung, den Chart auszublenden und nur nach den Indikatoren zu handeln. Dies sollte aber wirklich nur auf einem Demo-Account geschehen.

Sie werden in sehr kurzer Zeit feststellen können, ob Ihr System funktioniert oder nicht und wo die Schwächen und die Stärken sind. Dann werden Sie meine Eingangsworte noch besser verstehen können, dass der Handel eine sehr optisch ausgerichtete Tätigkeit ist.

Wenn Sie den Chart ausgeblendet haben, wird der Handel wirklich synthetisch. Lange werden Sie diese Bildschirmeinstellung aber nicht durchhalten. Besonders für die Ausstiege werden Sie den Chart sehen wollen.

Bollinger-Bänder

Verfeinern wir das Chartbild mit einem weiteren Indikator: den Bollinger-Bändern. Diese fehlen auf fast keinem Handelsbildschirm dieser Welt. Betrachten wir das gleiche Chartbild noch einmal.

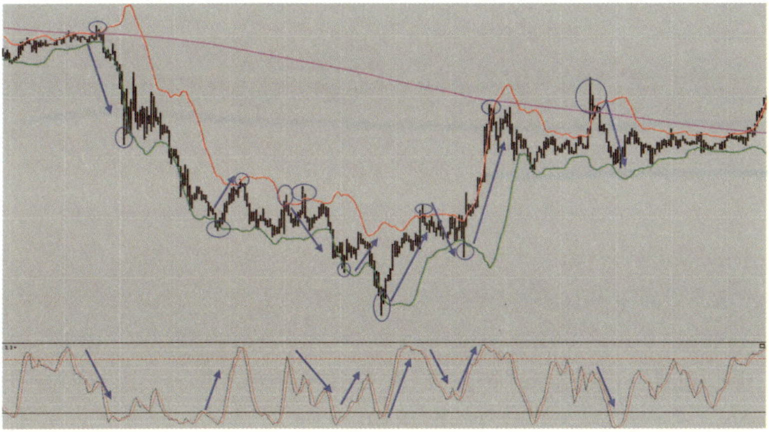

Jetzt wird es schon ein wenig komplexer. Die Bollinger-Bänder sind in diesem Chart mit 16.2 eingestellt. Viele Händler verwenden auch die Einstellung 20.2. Diese Einstellung ist mir jedoch zu hoch gewählt. Einfach ausgedrückt stellt der Bereich zwischen dem roten und grünen Bollinger-Band die maximale durchschnittliche Abweichung des Kurses dar, in diesem Fall 16 Zeiteinheiten beziehungsweise Bars. Was bedeuten diese Zahlen? Die größte Abweichung der 16 letzten Bars zum Durchschnitt wird gemessen und danach mit 2 multipliziert, daher die Kennzahlen 16.2.

Werden die Bänder vom Kurs durchschritten, ist eine kurzfristige Gegenbewegung zu erwarten, da sich der Kurs in einem Extrem befindet.

Es gibt jedoch eine außerordentlich wichtige Ausnahme. Befindet sich der Markt gerade in einer sehr starken Trendphase, werden die Bänder permanent auf einer Seite verletzt, zumindest wenn Sie die 16.2-Einstellung gewählt haben. Wenn Sie dieses Problem in den Griff bekommen wollen, müssen Sie Einstellungen von 22.2 und höher verwenden (was in meinen Augen jedoch nicht wirklich sinnvoll ist).

In starken Trendbewegungen sind die Bollinger-Bänder nicht das richtige Hilfsmittel. Dafür haben wir andere Indikatoren. Als weiteres Hilfsmittel verwenden wir unsere gute alte Stochastik 15.3.3.

Wir stellen folgende Regel auf:

Werden die Bollinger-Bänder verletzt und ist die Richtung der Stochastik in der Richtung der angenommenen Gegenbewegung, dann gehen wir eine Position ein.

Fassen wir die Handelsregeln zusammen:

- Bollinger-Bänder 16.2 werden nach oben oder nach unten verletzt.
- Die Stochastik 15.3.3 zeigt in die erwartete Richtung der Gegenbewegung und war im Extrem.
- Ist einer dieser Faktoren nicht erfüllt, steigt das Handelsrisiko.

Jetzt fügen wir noch unsere Divergenzen und den 420er-MA in das Chartbild ein.

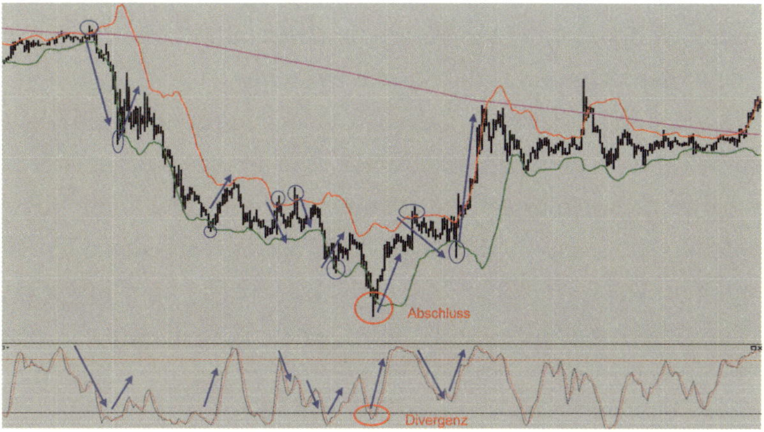

Zählen wir noch einmal die Parameter auf.

- Ein mustergültiger Abschluss wurde ausgebildet (Spitze).
- Der Abstand zum MA 420 ist extrem groß.
- Das untere Bollinger-Band wurde verletzt.
- Eine Divergenz wurde in der Stochastik ausgebildet.
- Die Stochastik ist im aufsteigendem Modus.

Sie sehen, dass Sie erst circa 20 Pips nach der Trendumkehr long gegangen wären. Das macht aber nichts. Gewöhnen Sie sich daran, dass Sie an den Umkehrpunkten nicht im Markt sind. Indikatoren sind Nachberechnungen. Diese müssen erst durch die Folgekurse bestätigt werden. Daher ist es fast unmöglich, den genauen Umkehrpunkt zu bestimmen und zu handeln.

Wenn Sie sich an die oben beschriebenen Regeln halten, ist die Wahrscheinlichkeit hoch, dass Sie auf der richtigen Handelsseite sind. Ob Sie jetzt den Einstieg zehn Punkte früher oder

später treffen, ist nicht mehr so entscheidend. Viel wichtiger ist es, auf der richtigen Handelsseite zu stehen.
Wo wäre in unserem Fall der Ausstiegspunkt gewesen? Wir sprachen von dem MA 420. Spätestens an dieser Linie sollten Sie Ihren Trade glattstellen. Daraus kann man aber keine Regel ableiten. Oft vergeht eine lange Zeit, bis der Kurs diese Linien erreicht. Dass die 420er-MA erreicht wird, ist eine Tatsache, aber um das Risiko zu minimieren, sollten Sie häufiger in den Markt gehen und Ihre Positionen an den entsprechenden Fibo-Linien 38 oder 50 glattstellen.
Bei der Betrachtung unseres Beispiels wird eines ganz klar: Nach der langen Abwärtsbewegung und den entsprechenden Indikatorsignalen bleibt nur der Einstieg auf der Long-Seite. Lassen Sie uns im Folgenden den vorgestellten, zugegebenermaßen einfachen Handelsansatz noch etwas verfeinern.

MACD-Histogramm

Ein sehr hilfreicher Indikator ist das MACD-Histogramm (Moving Average Convergence/Divergence). Der MACD-Indikator ist ein klassischer Oszillator. Wichtig ist, dass er verlässliche Signale im Zusammenspiel mit den anderen Indikatoren erzeugt, aber auch der MACD hat seine Fehlerquote. Genau wie die Stochastik kann der MACD in Extrembereichen verharren, besonders in starken Trendphasen. Aber was zeigt uns der MACD an?
Das MACD-Histogramm wird durch eine Nulllinie getrennt. Die Befindet sich das Histogramm über der Nulllinie, befindet sich die Bewegung in einem steigenden Modus. Ist das Histogramm

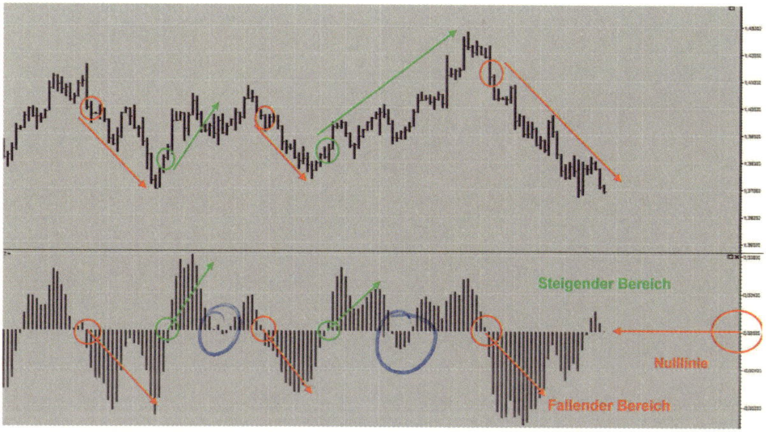

im Minusbereich, dann sind wir in einem fallenden Modus. Eine Handelsbestätigung wird Ihnen erst beim Überschreiten der Nulllinie gegeben, vorher nicht!

Beachten Sie: Ein Rückgang des Histogramms zur Nulllinie ist noch kein Zeichen für eine Trendumkehr.

Betrachten wir den gleichen Chart noch einmal, ergänzt um den MACD H und einen MA 16 (Moving Average). Der MA stellt die Mittellinie für die Bollinger-Bänder dar. Je nach Softwareanbieter ist diese mit den Bollinger-Bändern bereits eingezeichnet. Wenn nicht, müssen Sie diese Ergänzung vornehmen. Diese Linie gibt uns noch einmal eine zusätzliche Bestätigung, schließlich wollen wir Fehlsignale ausschließen und möglichst sicher sein. Schauen wir uns den gleichen Chart noch einmal an (nächste Seite). Sie sehen den MA 16 in gelb. Zusätzlich ist der MACD H mit den Einstellungen 20.10.7 (lang, kurz, Auslöser) im Chart eingefügt.

Nun erweitert sich unser Handelsmodell ein wenig, die zuvor vorgestellten Handelsregeln behalten jedoch ihre Gültigkeit.

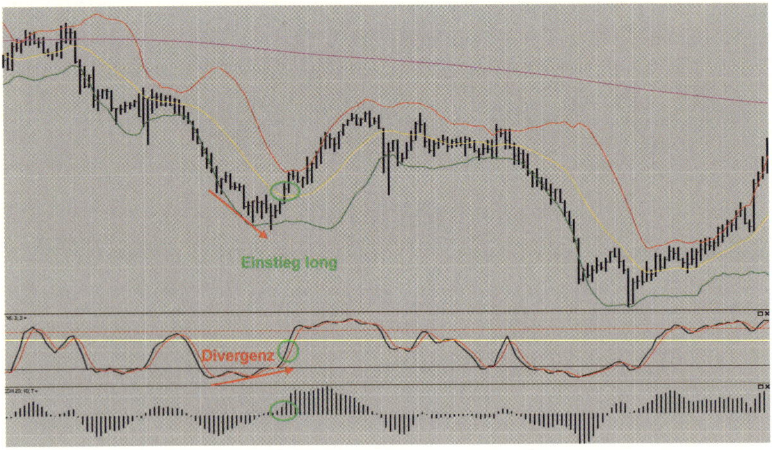

Im besten Fall sind alle Indikatoren im Einklang. Daher lauten unsere Parameter in unserem Long-Beispiel wie folgt:

- Der Chart bildet ein Abschlussmuster in Form einer Spitze.
- Der Abschluss ist extrem weit entfernt von der 420er-Linie.
- Das untere Bollinger-Band wurde verletzt.
- In der Stochastik wurde eine Divergenz ausgebildet.
- Die Stochastik ist im aufsteigendem Modus und war extrem.
- Der MACD bildet seinen ersten Balken über/unter der Nulllinie aus.
- Die Mittellinie (MA 16) der Bollinger-Bänder wird von dem Kurs durchbrochen und der Kurs schließt darüber.

Der Long-Einstieg ist die logische Konsequenz.

Wenn alle Parameter im Einklang sind, empfiehlt sich der Einstieg. Dieser ist in der Grafik mit dem grünen Kreis markiert.

Solange sich der Kurs über dem MA 16 befindet, können Sie die Long-Position beibehalten.
Damit Sie nicht das Gefühl haben, die Handelsempfehlung bei diesem Beispiel sei rein willkürlich, hier noch eine weitere Grafik mit einem anderen Währungspaar, dieses Mal dem EUR/USD.

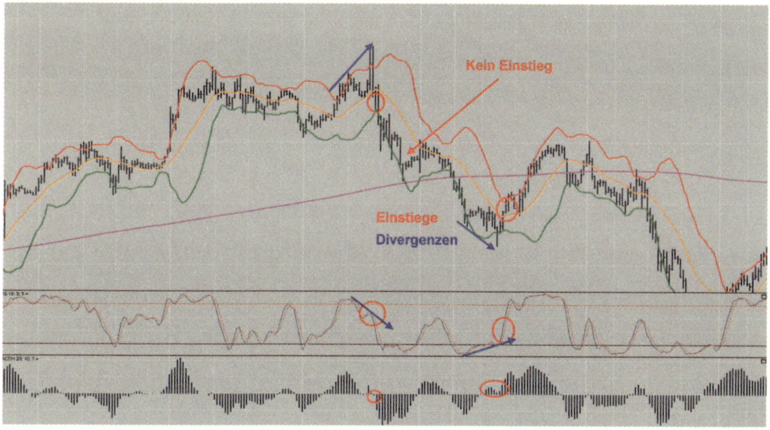

Das Prinzip ist weiterhin das gleiche. Beachten Sie auch bitte wieder den großen Abstand der Kursspitze zum MA 420. Diese Linie wird immer wieder relevant sein.
Sie werden sich jetzt sicherlich fragen, warum es an der eingezeichneten Stelle keinen Einstieg auf die Long-Seite gegeben hat. Der maßgebliche Grund ist, dass im größeren Zeithorizont von 60 Minuten noch alle Indikatoren auf Verkauf hingedeutet haben.
Vergleichen wir die nicht wahrgenommene Handelssituation im 5-Minuten-Chart.

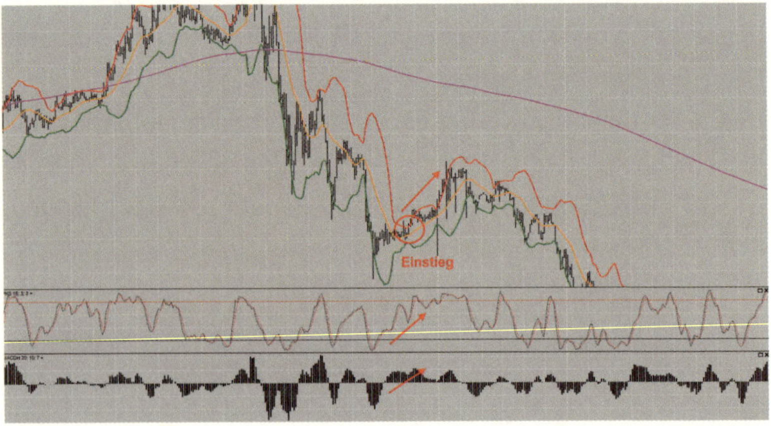

Rot eingekreist sehen Sie besagte Situation. Hier schließt sich schon wieder der Kreis. Die gleiche Situation in einem kleineren Zeitfenster hat Ihnen ein eindeutiges Long-Signal gegeben – zu Recht, weil Sie damit Geld verdient hätten. Unter Umständen wären Sie schon früher in den Markt gegangen. Es lohnt sich jedoch, Disziplin zu bewahren und alle Indikatoren abzuwarten.

Diesen Trade hätten Sie aber dennoch nicht sehr lange gehalten, da der übergeordnete Trend, siehe 30 oder 60 Minuten, noch klar auf short stand. Daher konnte eine Gegenbewegung im Long-Bereich nur von kurzer Dauer sein. Mit einem engen SL ist ein Long-Trade vertretbar gewesen, aber nur mit dem Bewusstsein, dass ich mich früher als sonst von der Position verabschieden werde.

Versuchen wir die Ein- und Ausstiege noch ein wenig präziser zu bestimmen. Dazu benutzen wir einen weiteren MA mit der Einstellung **drei** Zeitperioden. Alle vorherigen Aussagen bleiben unberührt und werden dadurch nur ergänzt.

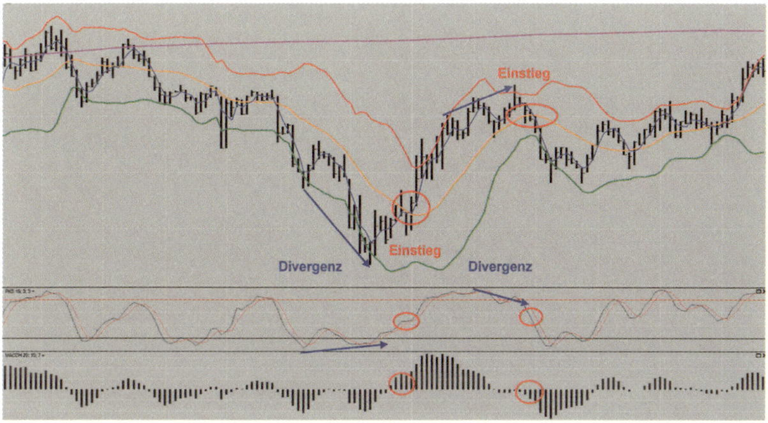

Der Schnittpunkt der Mittellinie der Bollinger-Bänder und der sehr schnellen MA-3-Linie gibt uns die zusätzliche Bestätigung, dass mit einer sehr hohen Wahrscheinlichkeit ein Wendepunkt vorliegt.
Als zusätzliche Regel merken Sie sich bitte, dass der neue Trend so lange intakt ist, bis es zum Gegenschnittpunkt kommt. In dem gezeigten Beispiel wären Sie aber schon früher aus dem Markt gegangen. Warum? Weil Sie wussten, dass die 420er-Linie als starker Widerstand dient. Dass die anschließende Bewegung noch weiter auf der Long-Seite andauern könnte und dass der Trend noch nicht vorbei ist, kann nur mit einem Trendfolge-Indikator ermittelt werden.

Aroon

Wir benutzen bei dem Aroon die Einstellung von 16. Die zusätzliche Regel ist ganz einfach. Wenn die grüne Linie die rote

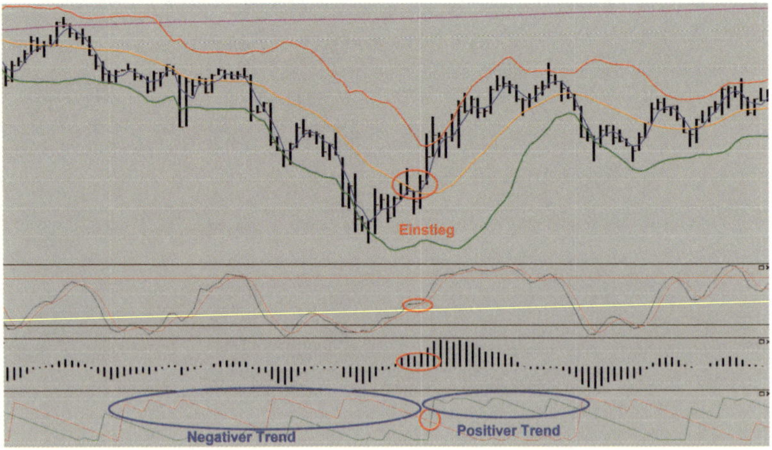

Linie schneidet, wird ein steigender Trend ausgebildet. Dieser hält so lange an, bis es einen erneuten Schnittpunkt von roter und grüner Linie gibt. Die Linie, die von **unten** nach oben schneidet, gibt die neue Trendrichtung an.

Bei der Betrachtung des Aroons müssen Sie sich ausschließlich auf die Linie im oberen Bereich sowie auf die Schnittpunkte konzentrieren. Je höher oder niedriger die Schnittpunkte ausfallen, desto aussagekräftiger ist das Signal. Verlaufen die beiden Linien parallel, befinden sich der Markt in einer Seitwärtsbewegung.

Der Aroon ist nicht jedermanns Sache, da man ein gewisses Gefühl für ihn entwickeln muss. Jedoch eignet er sich hervorragend, um das Ende bestehender Trends zu erkennen. Bitte beachten Sie aber, dass die Bewegungen des Aroons sehr sprunghaft sein können. Er schreitet in relativ großen Schritten voran und bewegt sich nicht kontinuierlich wie andere Indikatoren.

Fassen wir noch einmal das Gesamtbild zusammen:

- Ein mustergültiger Abschluss wurde ausgebildet (Spitze).
- Der Abschluss ist extrem weit entfernt von der 420er-Linie.
- Das untere Bollinger-Band wurde verletzt.
- Eine Divergenz wurde in der Stochastik ausgebildet.
- Die Stochastik ist im aufsteigenden Modus und kommt aus dem Extrem.
- Der MACDH bildet seine ersten Balken über der Nulllinie aus.
- Die Mittellinie (MA 16) der Bollinger-Bänder wird von dem Kurs durchbrochen.
- Der MA 3 bildet einen Schnittpunkt aus.
- Der Aroon zeigt den neuen Trend als intakt an, da kein neuer Schnittpunkt ausgebildet wird.

Im Folgenden sehen Sie genau das umgekehrte Bild. Daher noch einmal der gleiche Chart mit dem nachfolgenden Verkaufssignal:

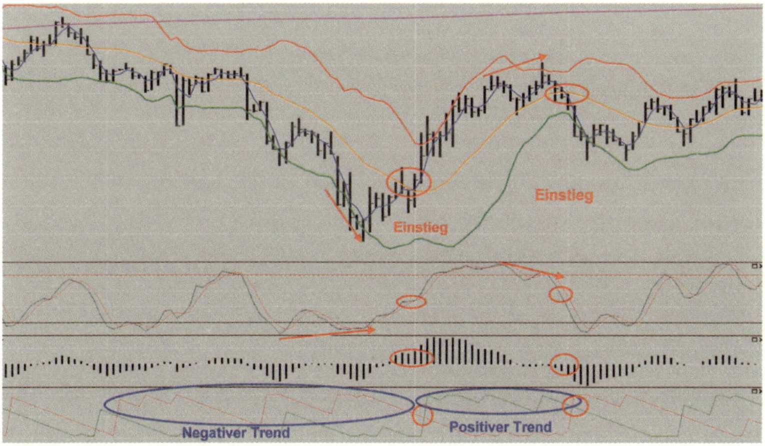

Dies ist ein recht einfacher Handelsansatz mit relativ konservativen Indikatoren. Dennoch ist er effektiv. Die Ansätze sind einfach und die Zahl der zu prüfenden Punkte ist überschaubar. Lassen Sie sich aber nicht täuschen. Jeder Handelsansatz muss erst in Fleisch und Blut übergehen. Dafür bedarf es Übung, Übung und nochmals Übung. Irgendwann wird es so sein, dass ein Blick genügt und Sie wissen, was zu tun ist. Am Anfang wird es noch nicht so schnell gehen, aber nach einer gewissen Zeit entwickeln Sie einen so geschulten Blick, dass Ihr Handelssystem zu Ihrer Bildschirmheimat wird.
Die vorgestellten Indikatoren bilden einen schönen „Legobaukasten", mit dem Sie Ihr eigenes Handelssystem zusammenstellen können. Betrachten Sie das von mir vorgestellte Handelsprogramm als einen sehr effizienten Vorschlag. Dennoch möchte ich darauf hinweisen, dass sich Indikatoren auf dem Markt befinden, die manchmal noch sensibler auf die Märkte reagieren.
Ich möchte Ihnen noch ein weiteres Handelsmodell vorstellen. Es kommt aus einer anderen Zeit und verfolgt eine andere Philosophie.

Ichimoku Kinko Hyo

Vergessen Sie jetzt bitte alles, was ich Ihnen vorher präsentiert habe. Nun möchte ich Ihnen ein vollkommen anderes Handelsmodell vorstellen. Ich möchte Ihnen so die Möglichkeit geben, zwei Handelsstrategien auszuprobieren, damit Sie feststellen können, welche besser zu Ihnen passt.
Wir behandeln den Ichimoku Kinko Hyo. Sie erkennen am Namen, dass dieser Indikator aus fernöstlichen Gefilden stammt.

Der Ichimoku ist aber kein Indikator im herkömmlichen Sinne. Er ist ein vollständiges Handelssystem, welches komplett isoliert von anderen Indikatoren zu betrachten ist.
Gerade in den letzten Jahren hat er wieder eine Renaissance erlebt. Viele Händler wissen gar nicht, wie alt dieses Handelssystem bereits ist. Entwickelt wurde es in Japan von einem Journalisten. Viele Händler, die mit dem Ichimoku arbeiten, denken, Sie verwenden ein „State of the art"-Handwerkszeug. Weit gefehlt. Er wurde nämlich bereits 1935 entwickelt. So gesehen ist er der Oldtimer unter den Handelssystemen. Natürlich wurde er im Laufe der Zeit an den Markt angepasst, aber im Großen und Ganzen ist er so geblieben, wie er ursprünglich entworfen wurde. Ich finde dieses Handelskonzept höchst interessant und möchte es Ihnen deshalb vorstellen.
Der Ichimoku ist eine Kombination von Trendfolgern und Oszillatoren. Bitte verwenden Sie für die Einstellung folgende Parameter:

Tenkan-sen	8	**rot**
Kijun-sen	24	**blau**
Senkou Span A	28	**orange**
Senkou Span B	42	**grau**
Chikou	18	**grün**

Auch wenn diese Liste auf den ersten Blick etwas verwirrend aussieht, ist das Prinzip ganz einfach. Nur die asiatischen Namen der Einzelindikatoren sind für westliche Händler am Anfang gewöhnungsbedürftig. Der Einfachheit halber werde ich nur die einzelnen Farben der Linien erwähnen, ansonsten wird für Neueinsteiger in den Ichimoku die Sache zu kompliziert.

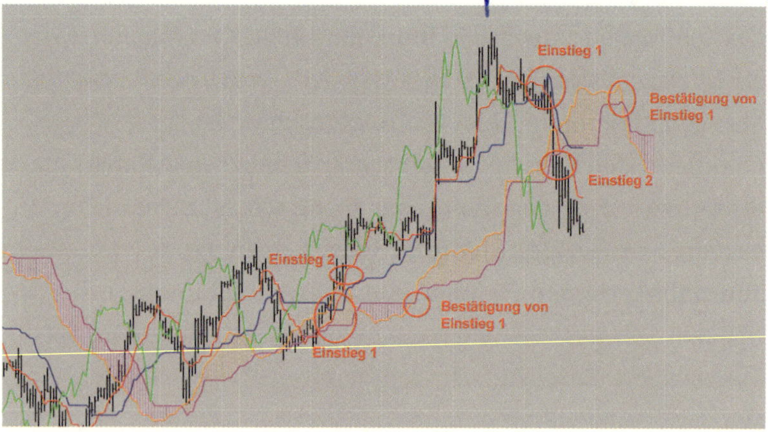

In den nachfolgenden Erläuterungen wird häufig von der Wolke gesprochen werden. Diese ist der Bereich zwischen Senkou A (orange) und Senkou B (pink).

Der Ichimoku lässt dem Händler immer zwei Möglichkeiten, den aggressiven Einstieg 1 und den nochmals bestätigten Einstieg 2. Falls Sie den Ichimoku noch nicht kennen, helfen Ihnen die unten folgenden Handelsregeln. Der obige Chart wird Ihnen dann sehr schnell verständlich werden.

Das Ichimoku-Grundprinzip besagt: Wenn sich der Kurs über der Wolke befindet, sind wir in einer Long-Phase. Verläuft der Kurs unterhalb, sind wir in einer Short-Phase. Zu erkennen ist auch, dass die Wolke voraus läuft. Die Wolke gilt generell als Widerstand und als Unterstützung. Läuft der Chart in die Wolke, wird nicht gehandelt. Kommen wir zu den Handelsregeln für den Einstieg beziehungsweise Ausstieg.

Schneidet die rote Linie die blaue, ist dies das erste Handelssignal, welches durch die Wolkenumkehr bestätigt wird. Wie auch bei anderen Handelskonzepten möchten wir aber gerne weitere Bestätigungen bekommen. Das zweite Handelssignal erhalten wir, wenn der Kurs sich über beziehungsweise unter der Wolke befindet. Die dritte Bestätigung liefert die grüne Linie. Diese ist nachlaufend. Es kommt auf ihre Richtung an. Zeigt sie nach oben, wird das Long-Signal nochmals bestätigt, ist sie flach oder entgegengesetzt zur jeweiligen Richtung von blauer und roter Linie, sollten Sie lieber auf den Trade verzichten.

Der Ichimoku ist deshalb so beliebt, weil er einen Blick in die Zukunft gestattet. Wie schon erwähnt läuft die Wolke vorweg. Schneidet die orange Linie die pinke und dreht die Wolke um, dann wechselt der Trend. Je breiter die Wolke sich ausbildet, desto stärker ist der Trend.

Die wichtigste Regel: Tritt der Kurs nach einer Bewegung wieder in die Wolke ein, ist dies der spätest mögliche Ausstieg. Die Wolke dient Ihnen als Ausstiegssignal und als Stop-Loss. Viele Trader benutzen als Ausstiegsregel den erneuten Schnittpunkt von roter und blauer Linie.

Ein weiterer Hinweis für die Trendstärke ist die Spreizung der roten und der blauen Linien. Je weiter die Linien auseinander laufen, desto größer ist die Trendstärke.

Zur Verdeutlichung möchte ich Ihnen noch ein weiteres Beispiel auf der Short-Seite zeigen (siehe nächste Seite). Analysieren wir den Trade:

Der Einstieg bei Punkt 1 ist risikoreich, da sich der Kurs noch oberhalb der Wolke befindet, aber Rot und Blau haben sich gekreuzt. Die grüne Linie zeigt in Abwärtsrichtung. Kurz vor Punkt 2 durchkreuzt der Kurs die Wolke nach unten. Zugleich hat die Wolke bereits ins Negative gedreht, Orange verläuft unterhalb von Pink. Solange sich die Wolke nicht wieder umkehrt und gleichzeitig Rot und Blau parallel laufen, wird nur der

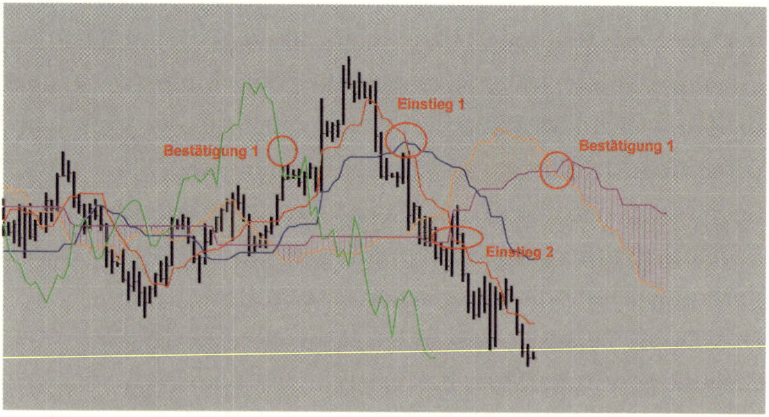

Stopp nachgezogen. Der Trend ist intakt. Der Stopp wird beim Nachziehen an der Wolke gesetzt, die Ihnen die Marke bereits im Vorfeld anzeigt.

Zusammenfassend kann man sagen, dass der Ichimoku ein schönes Trendfolge-Konzept ist, kombiniert mit Handelssignalen für den aggressiveren Trader. Dennoch wird er meist für den längerfristigen Bereich verwendet. Daher könnte es sinnvoll sein, für kurzfristige Einstiege unser erstes Handelskonzept anzuwenden und bei stärkeren Bewegungen auf den Ichimoku umzuschalten, um auch längere Trends bestätigt zu bekommen. Für eine Optimierung der Performance ist er ein sehr probates Mittel. Am einfachsten geht dies natürlich mit mehreren Bildschirmen.

Stop-Loss-Regeln

Der Stop-Loss ist im Handel einer der am meisten diskutierten Aspekte überhaupt. Über eins müssen Sie sich im Klaren sein:

Die Elemente Stop-Loss, Money-Management, Risk-Management und Handelskonzept bedingen sich gegenseitig. Da ich Ihnen zwei grundverschiedene Handelskonzepte vorgestellt habe, sind natürlich auch die Stopps unterschiedlich zu setzen. Da die Stopps verschieden gesetzt werden, muss auch Ihr Money-Management angepasst werden.
Sie merken, die aufgezählten Punkte müssen harmonieren. Nachfolgend werde ich Ihnen einige Beispiele für sinnvolle Stoppsetzung vorstellen. Zunächst werde ich jedoch noch einmal auf die Begriffe Risk- und Money-Management eingehen. Diese Begriffe werden häufig verwechselt beziehungsweise falsch verwendet.

Risk-Management

Das Risk-Management beschäftigt sich mit dem Risiko, mit dem ein Trade behaftet ist. Es versucht eine Antwort auf die Frage zu finden, mit welcher Wahrscheinlichkeit ein Trade positiv aufgehen wird.
Einfaches Beispiel: Gehen Sie einen Trade gegen den Trend ein und wollen eine Gegenreaktion handeln, dann ist Ihr Risiko wesentlich höher, als wenn Sie mit dem Trend handeln würden. Beides ist in Ordnung, aber die Bewegung gegen den Trend wird aller Voraussicht nach viel kürzer ausfallen als die anschließende Bewegung mit dem Trend. Daher stellt sich die Frage für Sie: Warte ich die Gegenbewegung ab und gehe anschließend mit dem Trend oder gehe ich das erhöhte Risiko ein? Sehen Sie sich zur Verdeutlichung die folgenden zwei Charts an:

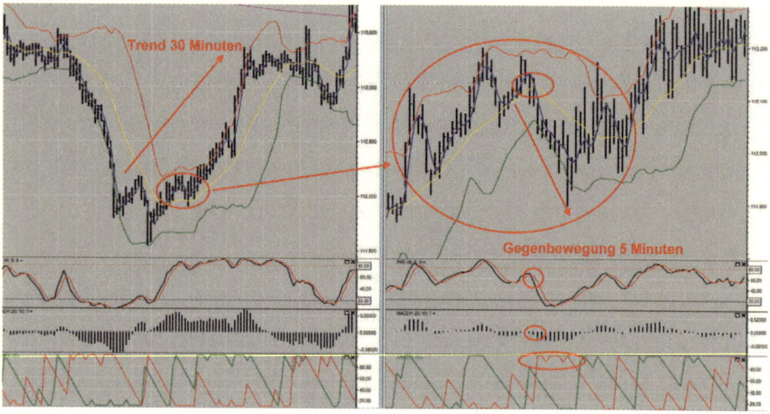

30-Minuten-Chart **5-Minuten-Chart**

Der übergeordnete Trend ist im linken Chartfenster (30-Minuten-Chart) deutlich zu erkennen. Alle zuvor besprochenen Vorgaben für einen Long-Trade sind erfüllt.
Der eingekreiste Bereich im rechten Chartfenster markiert das Verkaufssignal im 5-Minuten-Chart. Hier sind alle Voraussetzungen für einen Short-Trade erfüllt.
Der kurzfristige Short-Trade wird jedoch gegen den längerfristigen Trend eingegangen. Zusätzlich steht die Widerstandslinie MA 120 einer größeren Abwärtsbewegung entgegen. (Diese habe ich nicht eingezeichnet, damit die Übersichtlichkeit gewahrt bleibt.)

Fazit: Eine größere Gegenbewegung des längerfristigen Aufwärtstrends ist nicht zu erwarten. Das Risiko für einen Short-Trade ist **hoch**.

Money-Management

Darauf bin ich bereits im ersten Kapitel eingegangen. Da es aber immens wichtig ist, sein Kapital nach festen Regeln zu schützen, stelle ich diesen Punkt anhand eines weiteren Beispiels noch einmal dar.

Wie der Name schon sagt, beschäftigt sich das Money-Management mit dem eingesetzten Kapital. Das Money-Management muss sich stark an Ihren Zeithorizont anpassen. Im Devisenhandel können wir mit einem Hebel handeln. Je größer Ihr Zeitfenster ist, desto kleiner sollte Ihr Hebel sein, weil Sie auf größere Bewegungen setzen und die auftretenden Gegenbewegungen unter Umständen 20 bis 30 Pips betragen können. Ist in solchen Situation Ihr Stop-Loss zu eng gesetzt, fliegen Sie vielleicht verfrüht aus dem Markt, obwohl Sie mit dem Trend gehandelt haben.

Ihr „Handwerkszeug" ist Ihr Kapital. Darauf müssen Sie besonders achtgeben. Darum gilt für Ihr Money-Management, dass Sie bei Verlusttrades nicht mehr als 0,5 Prozent Ihrer **Handelssumme** verlieren dürfen. Dazu möchte ich Ihnen eine Rechnung an die Hand geben:

Marginsumme:		€ 10.000
Handelssumme:		€ 100.000
Hebel:		1:10
Verlust Handelssumme:	€ 500 von € 100.000 =	0,5 %
Verlust der Margin:	€ 500 von € 10.000 =	5 %

An diesem einfachen Beispiel können Sie erkennen, dass ein Verlusttrade nicht größer als 0,5 Prozent Ihres Handelskapitals mit einem Hebel von 10 sein sollte. Bedenken Sie, dass Sie auch nach einer Verlustserie immer noch liquide sein müssen. Erhöhen Sie allerdings den Hebel auf 20, müssen Sie die 0,5 Prozent auf 0,25 Prozent reduzieren. Im Folgenden stelle ich dar, welche Auswirkung das Money-Management auf Ihre Stopps hat.

Rechnerischer Stop-Loss:
Anhand der vorangegangenen Rechnung ergibt sich ein SL im mathematischen Sinn. Dazu eine einfache Rechnung:

Marginsumme:	€ 10.000
Handelssumme:	€ 100.000
Hebel:	1:10
Max. Verlust 0,5 %:	€ 500

Sie wissen also, dass Sie maximal 500 Euro bezogen auf Ihre Handelssumme verlieren dürfen. Das gibt Ihnen vor, wo der erste Stopp zu liegen hat. Dazu eine Beispielrechnung:

EUR/USD short:	1,3960
Marginsumme:	€ 10.000
Handelssumme:	€ 100.000

Pip-Wert:	0,0001 / 1,3960 = 0,00000716 x 100.000 = **€ 7,16**
Max. SL:	€ 500 / 7,16 = 69,83 Pips

Dies ist eine Berechnung für den Fall, dass Sie das Risk-Management gänzlich außer Acht lassen. Mit anderen Worten, Sie gehen einen Trade ein, bei dem der Stopp aus markttechnischer

Sicht weiter entfernt liegen würde als der Stopp, den Ihnen das Money-Management vorgibt.
Der optimale Stopp sieht jedoch anders aus. Sie sollten für Ihren ersten Stopp nach wichtigen technischen Punkten suchen. Damit berücksichtigen Sie Risk- und Money-Management. Dazu noch zwei Charts:

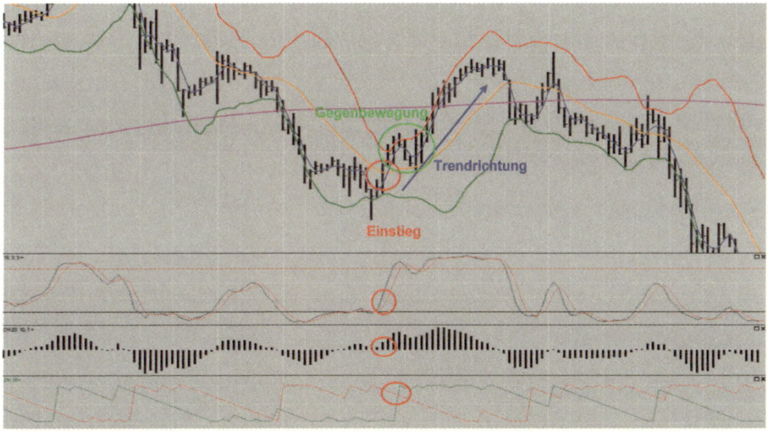

30-Minuten-Chart

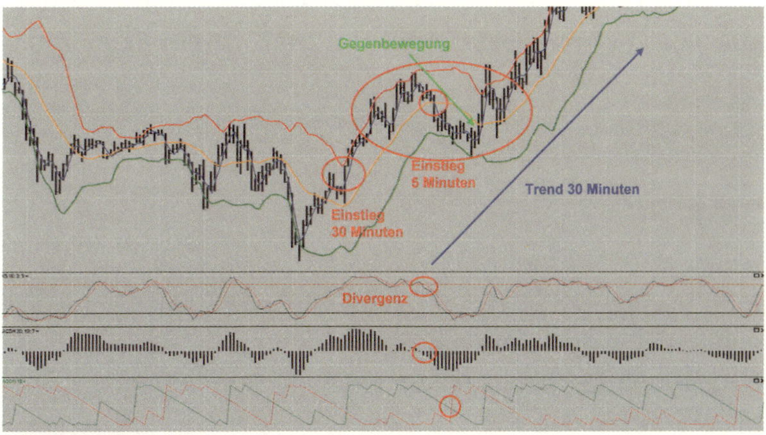

5-Minuten-Chart

Der langfristige Aufwärtstrend wurde eingeleitet, gestört durch eine Gegenbewegung (5-Minuten-Chart). Der Einstieg im 5-Minuten-Chart auf der Long-Seite ist wesentlich sicherer. Er befindet sich in Trendrichtung und bringt Ihnen einen wesentlich höheren Ertrag. Noch dazu können Sie in puncto Risk- und Money-Management vorsichtiger agieren. Das letzte „Low" ist auf jeden Fall die Unterstützung, die nicht mehr gebrochen werden darf. Gehen Sie einen Short im Setup des 5-Minuten-Fensters ein, dann befinden Sie sich in Trendrichtung und können den SL sogar enger als errechnet setzen. Den SL hätte ich also kurz oberhalb des letzten „Highs" gesetzt.

Somit müssen wir unterscheiden, ob Sie Ihren SL rechnerisch bestimmen oder ob Sie technische Unterstützungen oder Widerstände als SL-Marken benutzen. Das hängt von Ihrem Risikomanagement ab.

Auf jeden Fall ist zu empfehlen, Risk- und Money-Management in Einklang zu bringen. Natürlich reduziert sich die Anzahl der Trades. Bedenken Sie jedoch: Wenige, aber erfolgreiche Trades mit einer größeren Wahrscheinlichkeit sind mindestens doppelt so viel wert wie ein Verlusttrade aus purem Aktionismus heraus.

Trailing Stop =2/3 ...

Kommen wir zu einem Thema, nach dem häufig gefragt wird: dem Trailing Stop. Dieser ist ein probates und oft verwendetes Hilfsmittel. Doch was ist ein Trailing Stop? Einfach ausgedrückt: Es handelt sich um einen automatisch nachgezogenen Stopp. Die Betonung liegt hierbei auf Stopp, da die Position sich bereits im positiven Bereich befinden sollte. Das Prinzip ist einfach: Wenn der Kurs sich zugunsten der Position bewegt, wird der mögliche Ausstiegskurs nachgezogen. Sie wählen den fixen Abstand, den der Trailing Stop zum aktuellen Kurs einhält. Schauen wir uns ein einfaches Beispiel an:

Einstiegskurs:	1,3930
Trade:	short
Aktueller Kurs:	1,3910
	theoretischer Gewinn 20 Pips

Zu diesem Zeitpunkt stellt sich die Frage, ob die Position glattgestellt oder weiter laufen gelassen wird. Gehen wir davon aus, dass Sie den Trailing Stop auf zehn Pips einstellen. Bei einem Rücksetzer auf 1,3920 würde dieser dann Ihre Position glattstellen. Fällt der Kurs aber weiter auf 1,3900, dann wäre der nächste Stopp bei 1,3910, also in diesem Fall immer zehn Pips vom niedrigsten Punkt entfernt.

Diese Art von Stopp ist sehr praktisch, wenn Sie den Bildschirm verlassen müssen. Sie können sicher sein, dass ein gewisser Gewinn erzielt werden wird. Auch beruhigt es die eine oder andere Psyche, einen Trade nicht ständig beobachten zu müssen.

Dennoch ist der Trailing Stop nicht mein Fall. Ich bin der Ansicht, entweder ich habe eine Meinung zu einer Position oder ich habe keine. Es gibt nichts Schlimmeres, als 20 Pips vorn zu liegen, aber am Ende nur zehn Pips einzufahren. Anschließend ist der Trader aus der Position raus und nach kurzer Zeit entwickelt sich der Trade wieder in seine Richtung.

Die Chance auf weitere Gewinne ist sicherlich immer gegeben, aber durch kurze Gegenbewegungen fliegt man zu schnell aus einer Position heraus. Bei diesem Thema bin ich etwas zwiegespalten. Ein guter Kompromiss ist, dass der Stopp nicht zu eng gesetzt werden sollte und dass sich der Trailing Stop für diejenigen eignet, die in längerfristigen Zeitfenstern handeln.

Weitere technische Stopp-Marken

Das Thema Fibonacci haben wir schon angesprochen. Die „Fibo-Linien" sollten Sie zusätzlich als potenzielle Stopp-Marken behandeln. Wird eine Fibo-Linie durchbrochen, wird der Kurs weiter seinen Weg beschreiten. Nur ein Beispiel:

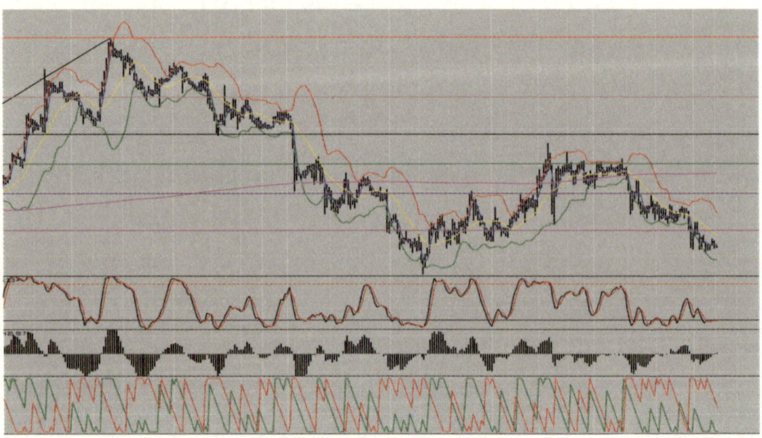

Fibo-Linien werden meist nur mit relativ schnellen Bewegungen verlassen. Sie sind aber wie MA 420 und MA 120 sehr gute Anhaltspunkte für technische Stopp-Marken.

Pivot Points

Pivot Points, auch Floor Trader Pivots genannt, sind weitere sinnvolle Hilfsmittel der Technischen Analyse. Sie zeigen potenzielle Widerstände und Unterstützungen an. Die Besonderheit: Diese Unterstützungs- und Widerstandszonen ergeben sich aus mathematischen Formeln und werden nicht einfach nach Augenschein oder „frei Hand“ eingezeichnet. Sie sind gerade im Forex-Handel sehr beliebt, da Sie von institutionellen Händlern benutzt werden, sogenannten Floor Traders.
Pivot Points berechnen sich, indem man das Hoch und das Tief sowie den Eröffnungs- und Schlusspreis der letzten Trading-Session in ein Verhältnis setzt. Die Formel sieht dann wie folgt aus:

Pivot Point (PP) = (High + Low + Close) / 3
Die erste Ebene von Widerstand und Unterstützung:
First Support (Unterstützung) (S1) = (2 x PP) - High
First Resistance (Widerstand) (R1) = (2 x PP) - Low
Die zweite Ebene von Widerstand und Unterstützung:
Second Support (S2) = PP - (High - Low)
Second Resistance (R2) = PP + (High - Low)

Keine Angst, all diese Berechnungen müssen Sie nicht fortlaufend selbst durchführen. Dafür gibt es die verschiedensten Internetseiten, die Ihnen diese Arbeit abnehmen. Die Formel zur Berechnung des Pivot Points erscheint relativ trivial. Sie ist jedoch von großer Bedeutung und Aussagekraft, eben weil bedeutende Akteure auf diese Support- und Resistance-Zonen achten. Kommen wir jedoch zunächst zur Basisaussage der Pivot Points.

Die grundsätzliche Interpretation lautet: Befindet sich der Kurs über dem errechneten Pivot Point, dann befindet sich der Markt im Kaufmodus. Befindet er sich unterhalb, ist er im Verkaufsmodus. Je näher der Kurs an die Pivot Points R1, S1 und so weiter gerät, desto größer ist deren Anziehungskraft. Bitte vergessen Sie aber nicht, dass diese Punkte rein rechnerische sind. Sie besitzen nur ihre Gültigkeit, da sich sehr viele Menschen daran halten. Es handelt sich sozusagen um eine künstliche Gesetzmäßigkeit.

Wird der Pivot Point (PP) vom Kurs gebrochen, ist das nächste Kursziel aller Wahrscheinlichkeit nach entweder R1 (Resistance 1) oder S1 (Support 1). So geht das Spiel weiter bis R2 und S2. Manche Theoretiker gehen bis R3 und S3. Dies halte ich aber für übertrieben. Die einzelnen Punkte sind meist sehr weit vom aktuellen Kurs entfernt. Es bedarf manchmal einer gewissen Vorstellungskraft, dass diese Marken erreicht werden sollen. Aber die Anziehungskraft dieser Marken ist immer wieder verblüffend. Auf der gegenüberliegenden Seite ist dazu eine Beispieltabelle abgebildet.

Ein wichtiger Punkt: Da der Pivot Point auf der jeweils vorangegangenen Zeitperiode beruht, ist es erneut von Bedeutung, in welchem Zeitfenster Sie sich bewegen. Üblicherweise wird der Pivot Point auf **Tagesbasis** (Daily) berechnet. Und jetzt wird es kompliziert. Denn wann fängt bei einem 24-Stunden-Handel der neue Tag an? Dafür gehen die Meinungen in der Fachwelt sehr weit auseinander. Gibt New York, Frankfurt oder Tokio den Takt vor?

Ich gehe von der GMT-Zeit aus (Berlin 01.00 Uhr). Da die Amerikaner der Meinung sind, dass Sie den Takt vorgeben, werden auch häufig die Berechnungen zum Handelsschluss in New

York gewählt. Dies würde 22.00 Uhr Berliner Zeit bedeuten. Wenn Sie also die Pivot Points über das Internet über die verschiedenen Anbieter abfragen, informieren Sie sich bitte vorher, auf welcher Basis der Vortag definiert ist. Hier ein Beispiel, wie eine Pivot-Tabelle normalerweise angezeigt wird.

	S3	S2	S1	PP	R1	R2	R3
EURUSD	1.3411	1.3524	1.3595	1.3708	1.3779	1.3892	1.3963
USDJPY	81.59	81.81	82.15	82.37	82.71	82.93	83.27
GBPUSD	1.5978	1.6029	1.6076	1.6127	1.6174	1.6225	1.6272
USDCHF	0.9568	0.9619	0.9684	0.9735	0.9800	0.9851	0.9916
AUDUSD	0.9780	0.9868	0.9922	1.0010	1.0064	1.0152	1.0206
NZDUSD	0.7659	0.7715	0.7759	0.7815	0.7859	0.7915	0.7959
USDCAD	0.9887	0.9932	0.9981	1.0026	1.0075	1.0120	1.0169
EURJPY	111.29	111.90	112.31	112.92	113.33	113.94	114.35
EURGBP	0.8340	0.8398	0.8436	0.8494	0.8532	0.8590	0.8628
EURCHF	1.3112	1.3183	1.3255	1.3326	1.3398	1.3469	1.3541

Take Profit

Bisher habe ich die meiste Zeit über Risikobegrenzung, Bewahrung des Kapitals und Einstiege in den Markt gesprochen. Das könnte beim ein oder anderen vielleicht ein unvollständiges Bild vom Forex-Markt erzeugt haben. Die Betonung der Risiken könnte ein Bild eines Marktes zeichnen, in dem scheinbar nur Gefahren lauern. Das war und ist jedoch nicht meine Absicht.

Ich habe in meinem Leben nur zu viel erlebt und will Ihnen die eine oder andere bittere Erfahrung ersparen. Schließlich wollen wir ja Kollegen bleiben. Kommen wir also zu einem so positiven wie delikaten Thema, der Gewinnmitnahme, oder wie es der Profi-Händler ausdrückt: dem Take Profit.
Vielleicht ist dies eines der schwierigsten Themen überhaupt. Möglicherweise ist es der Moment beim Trading, in dem die Gefühlswelt am stärksten in Aufruhr gerät. Merkwürdigerweise ist es wesentlich leichter, in den Markt zu gehen. Technisch gesehen ist es nur ein einziger Mausklick. Die für den Tradingerfolg entscheidende Frage lautet jedoch: Wann ist der richtige Zeitpunkt, mich mit meinem Gewinn aus dem Markt zu verabschieden?
Über diese Fragestellung habe ich schon viele Nächte gebrütet. Wie so oft gibt es auch hier verschiedene Philosophien. Gehen wir die einzelnen Möglichkeiten durch.

1. Sturer Ausstieg nach einer gewissen Pip-Anzahl. Dies ist mehr oder weniger mein Weg. Nach 15 bis 25 Pips werde ich immer nervös und möchte aus dem Markt gehen. Das Motto lautet: Was ich habe, das habe ich. Die Gegenbewegung im kürzeren Zeitfenster kann ich einfach nicht ertragen. Ich sehe dann meine Gewinne wieder schwinden und gehe lieber vorerst aus dem Markt mit der Hoffnung, auf einem besseren Level erneut einsteigen zu können.
2. Ausstieg bei dem je nach Handelsmodell nächsten Gegensignal. Dabei verfährt man zwar systematisch, das Modell ist aber absolut nicht zufriedenstellend. Bis das Gegensignal auftritt, sind nämlich möglicherweise zu viele Pips wieder verloren gegangen. Das ist bitter und kann aus einem

Take Profit sogar ein „Cutten“, sprich eine Verlustposition, machen. Dies hängt aber von Ihrem Handelssystem ab und wie schnell dieses eingestellt ist.

3. Take Profits rein nach den technischen Gegebenheiten. Dies ist auch ein Weg und mit Sicherheit ein sehr guter. Dazu zählen all die Widerstände und Unterstützungen, die wir bereits kennengelernt haben:

   a. MA 420
   b. MA 120
   c. Fibonacci
   d. Bollinger-Bänder
   e. Pivot Points
   f. Ichimoku – Kreuzung der blauen und roten Linien

4. Leider ist es im Prinzip unmöglich, für jedes nur denkbare Szenario im Devisenhandel eine Regel aufzustellen. Zu viele Faktoren spielen eine Rolle. Zugegeben, ich bin Weltmeister im zu frühen „Glattstellen“. Aber ich kann damit und davon gut leben. Die Lösung könnte sein, alle drei Vorschläge zu kombinieren. Sie werden einen persönlichen Stil für das Mitnehmen von Gewinnen entwickeln (müssen), eben weil sich so viele Faktoren auf diesen Punkt auswirken: Ihr Money-Management, Ihr Zeithorizont, Ihr persönlicher Tradingplan.

Ich gebe Ihnen eine grobe Richtschnur, damit Sie sehen, worauf ich achte: Wenn eine Bewegung in der 5-Minuten-Betrachtung circa 20 Pips im Plus liegt und die Indikatoren schon langsam ausgereizt sind, dann stelle ich glatt. Wenn noch eine realistische Chance auf weitere Kursgewinne vorhanden ist, ziehe ich meinen SL auf „Entry" nach. Die Strategie, die Hälfte der Position glattzustellen, ist sicherlich eine Option. Aber wie schon erwähnt lautet meine Devise: Entweder ich habe eine Meinung oder ich habe keine Meinung.

Fehler ... und wie Sie damit umgehen

Wie gehen Sie mit einem Fehler um? Jeder macht Fehler, daher sollten Sie auch für dieses Szenario einen Plan haben. Ich selber habe mich in meinem Leben drei Mal „verklickt". Die Fehlerquellen waren unterschiedlicher Natur. Einmal war ich abgelenkt durch ein Telefonat, einmal war ich unentschlossen und einmal habe ich mich auf der Tastatur vertippt.
Das ist jedes Mal ärgerlich. Es gab noch keinen Fehler, der mich nicht Geld gekostet hätte. Oft werden Fehler erst sehr spät erkannt. Der Grund dafür ist ganz einfach: Nach jeder eingegangenen Position beginnen die meisten Trader sofort auf den Kurs zu starren. Dabei wäre noch genügend Zeit für eine Überprüfung. Mit einem Blick ist es erledigt, und dennoch wird darauf verzichtet. Dieser Punkt gehört unbedingt auf die Checkliste.
Nur zu oft habe ich zwischen Händlern und Broker vermitteln müssen, da steif und fest behauptet wurde, dass eine gewisse Position nicht eingegangen worden war. Im Zweifelsfall gibt es einen „Activity Log". In diesem sind alle Aktivitäten verzeichnet. Er ist jederzeit auch für Sie als Händler einsehbar. Es gibt also keinen Grund, seine Position nicht noch einmal zu überprüfen – von Lethargie einmal abgesehen.

Achtung! Überprüfen Sie Ihr Konto nach dem Eingehen einer Position und checken Sie, ob die Parameter stimmen. Aus Erfahrung weiß ich, dass trotz meiner Worte wahrscheinlich auch Ihnen Fehler passieren werden, dass unter Umständen die Position auf der falschen Seite eingegangen wurde. Das macht nichts. Die Frage ist nur, was dann?

Ganz einfach: Auf einer falschen Position wird nicht gezockt! Möchte ich eine Position, dann habe ich sie, wenn nicht, dann stoße ich sie unverzüglich ab. Das ist eine klare und sinnvolle Handlungsanweisung.

Fazit: So handeln Sie richtig

Trading-Neulinge – egal ob Forex, Aktien, Zertifikate – glauben immer, allein die Strategie würde über Erfolg und Misserfolg entscheiden. Dem ist leider nicht so, denn sonst hätte es ihn schon längst gegeben, den Heiligen Gral, das System, das immer funktioniert und beständig Gewinne abwirft. In diesem Fall gäbe es eine Gruppe von Menschen oder eine Institution, die jederzeit und in jeder Marktphase gewinnt. Und in der Finanzkrise haben wir alle gelernt: Selbst die Banken verfügen nicht über diesen Gral.

Das Allerwichtigste beim Traden und auch beim Anlegen sind Sie selbst. Wie Sie mit Erfolg und Misserfolg umgehen. Wie konsequent Sie sind. Es gibt ein paar Punkte, die alle erfolgreichen Trader auf der Welt auszeichnen. Lassen Sie mich dazu noch einige Verhaltensregeln für wirklich nachhaltige Trading-Gewinne zusammenstellen.

- Halten Sie Ihr Money-Management ein.
- Halten Sie Ihr Risikomanagement ein.
- Halten Sie Ihr Positionsmanagement ein.

Achten Sie auf die ersten drei Regeln. Es sind die wichtigsten. Sie klingen profan, aber sie machen den Unterschied zwischen Händlern und Zockern aus, trennen den Profi vom Harakiri-Trader. So leicht sie sich hinschreiben lassen, so schwierig sind sie jedoch in der Realität umzusetzen. Ihr Handelskonzept darf aber unter keinen Umständen zum „Trading by Praying“ mutieren.
Üben Sie sich in Geduld. Blinder Aktionismus ist niemals profitabel. Keiner zwingt Sie, Trades einzugehen. Suchen Sie sich die Trades aus, die zu 100 Prozent zu Ihrer gewählten Strategie passen. Wenn das nicht der Fall ist, lassen Sie einfach die Finger von dem Trade. Schließlich ist der Markt fünf Tage in der Woche geöffnet und die nächste Tradingchance kommt so sicher wie das Amen in der Kirche. Die Frage ist nicht, ob sich eine neue Tradingchance ergibt, sondern wann. Und wenn es nicht im EUR/USD ist, dann vielleicht ja im USD/JPY. Sie sehen: Aktionismus ist gerade bei der Forex fehl am Platz.

- Stellen Sie einen Tradingplan auf, definieren Sie Ihre Ziele schriftlich und ergänzen Sie den Plan von Zeit zu Zeit.
- Stellen Sie eine persönliche Checkliste auf. Was steht am Markt an und was sind Ihre Regeln für den Ein- und Ausstieg? Gerade für Neulinge ist das überlebenswichtig.
- Schaffen Sie für sich räumlich ein optimales Handelsumfeld. Ihre Umgebung ist überaus wichtig. Sie sollten sich wohlfühlen und sich konzentrieren können.

- Machen Sie sich so vertraut wie möglich mit Ihrer EDV.
- Disziplin – seien Sie typisch deutsch und akribisch.
- Bilden Sie sich weiter. Investieren Sie in Ihre Technik und vor allem in Ihr Wissen.
- Lassen Sie sich nicht von Rückschlägen entmutigen. Rückschläge in Form von Drawdowns werden kommen und gehören dazu. Aber mit Ihrem guten und strikt eingehaltenen Money-Management kann Ihnen nichts passieren.
- Seien Sie nicht gierig. Gelegenheiten gibt es reichlich. Gehen Sie chirurgisch in den Markt. Gehen Sie wie ein Partisan vor: schnelle Aktion und sofortiger Rückzug.
- Wenn Sie viel handeln, sollten Sie Ihren Lebenspartner in Ihre Tätigkeit einbeziehen. Er oder sie muss Sie verstehen können. Einen regelmäßigen Austausch – in beide Richtungen – kann ich nur empfehlen.
- Organisieren Sie Ihr Leben so, dass Sie entspannt handeln können.
- Leben Sie gesund und verzichten Sie lieber auf Kaffee und Zigaretten.

Viele Punkte könnten jetzt noch hinzugefügt werden. Das würde aber den Rahmen sprengen. Wichtig ist, dass Sie verstehen, dass der Handel mit Finanzinstrumenten nicht nur Kaufen und Verkaufen bedeutet. Er umfasst viel mehr.
Viele Menschen gehen davon aus, dass sie auf Ereignisse nur reagieren können. Das ist aber ein Irrtum. Mit konstruktiven und fruchtbaren Gedanken kommen Sie auch beim Trading weiter. Sie müssen im Vorfeld entsprechend **agieren**, um nicht im Nachhinein reagieren zu müssen. Wie gesagt, es gibt Macher und Verbraucher. Als Händler müssen Sie Macher sein.

III.

AUTOMATISCHE HANDELSSYSTEME

Auch in unseren Breiten steigt derzeit die Nachfrage nach automatischen Handelssystemen rapide an. Das ist nicht weiter verwunderlich. Professionelle Institutionen handeln schon seit Langem meist automatisch. Warum also nicht auch ein Privatanleger? Schließlich bieten solche Systeme viele Annehmlichkeiten. Vorbei die Zeiten, als Sie stundenlang vor dem Rechner sitzen und Ihre Positionen beobachten mussten. Vorbei auch die Ungewissheit darüber, ob die getroffene Entscheidung richtig oder falsch war. Ebenfalls vorbei die Frage nach dem richtigen Einstieg und dem optimalen Zeitpunkt für das Schließen einer Position. Doch halt: Stimmt das wirklich? In diesem Kapitel werden wir die Möglichkeiten des automatisierten Handels genauer unter die Lupe nehmen. Wo Vorteile sind, gibt es gewöhnlich auch Nachteile.

Was genau ist ein Handelsroboter eigentlich?

Sie können sich ein automatisches System als eine Software vorstellen. Diese ist so programmiert, dass Handelspositionen nach bestimmten, fest vorgegebenen Regeln eingegangen, also eröffnet, und auch wieder geschlossen werden. Ich möchte an dieser Stelle bewusst keine bestimmte Handelsplattform empfehlen, die eine solche Programmierung, sogar für einen etwas versierteren Laien, möglich macht. Im Prinzip lässt sich jede beliebige Handelssoftware mit so einem zusätzlichen Feature ausstatten. Bei manchen ist es einfach nur leichter und – für etwas erfahrenere Trader – auch relativ leicht selbst programmierbar. Programmierer, die Ihr bevorzugtes persönliches Handelssystem in einen „Automaten“ umsetzen,

gibt es genug. Auf diesen Punkt werden wir später noch ausführlich eingehen.
Die Software handelt also selbstständig. Dies stellt den ersten großen Vorteil dar. Der Handel wird synthetisch. Das bedeutet, dass Sorgen, Zweifel, Ängste und jede Form von Regelverletzungen ausgeschlossen sind.
Das Programm arbeitet stur nach dem ihm einprogrammierten Regelwerk, ohne Emotionen und rund um die Uhr, sofern Ihr Computer eingeschaltet bleibt. Die Handelsstrategie wird fest eingehalten, ebenso das – hoffentlich – programmierte Money-Management. Sie selbst werden bei einem guten System als Händler so gut wie überflüssig.

Verschiedene Nutzungsmöglichkeiten automatischer Tools

Im Idealfall handelt das System vollständig autark. Doch es gibt auch noch weitere Anwendungsmöglichkeiten von programmierten Hilfsmitteln. Wenn Sie zusätzlich manuell handeln, werden Sie vermutlich ein Tool zu schätzen wissen, das Ihnen beispielsweise alle offenen Positionen mit einem Mausklick schließt. Ein anderes Werkzeug warnt Sie, wenn Sie an einem schlechten Tag an die zwei Prozent Verlustgrenze Ihrer Equity heranreichen. Alle weiteren Aktivitäten für diesen Handelstag werden dann automatisch unterbunden.
Weitere nützliche Tools sind etwa im Chartfenster eingeblendete Zeitzonen mit aktueller Uhrzeit, klassische Indikatoren in digitalem Anzeigeformat, spezielle Indikatoren mit Signalgebung und so weiter. Es gibt fast nichts, was es nicht gibt und nicht programmier- beziehungsweise automatisierbar wäre.

Sie können sicher sein, für beinahe jedes spezifische Problem irgendwo im Internet eine passende Lösung zu finden. Diese sind größtenteils sogar gratis erhältlich. Das gilt auch für automatische Systeme.

Wo können Sie ein automatisches System kaufen?

Fast an jeder Ecke, möchte man sagen. Geben Sie bei Google einfach den Begriff „automatisches Forex Handelssystem" ein. Sie bekommen Zigtausende Seiten mit entsprechenden Angeboten. Fündig werden Sie in aller Regel also sehr schnell. Die Frage nach dem „wo kaufen" ist demnach schnell beantwortet. Viel entscheidender ist, welches System Sie erwerben. Und hier beginnt für die meisten eine abenteuerliche und meist frustrierende Reise. Sie haben es sicher schon geahnt. Es gibt in diesem Bereich viel – sehr viel – Spreu und wenig Weizen.

Das richtige System finden

Gerade in den USA haben automatische Handelssysteme immer noch Hochkonjunktur. Die Anzahl der angebotenen Systeme ist schier unüberschaubar. Die Anbieter übertreffen sich geradezu mit fantastischen Performance-Zahlen. Als Beweis sind fast immer Kontoauszüge zu sehen, die in kürzester Zeit realisierte enorme Gewinne ausweisen.
Die Webseiten sind professionell aufgemacht, immer nach dem gleichen Schema. Eine zugkräftige Schlagzeile, ein Video des oder der Anbieter, Kontoauszüge, Erfahrungsberichte

von begeisterten Anwendern. Eine Geld-zurück-Garantie ist Standard, ebenso ein künstlich verknapptes Angebot nach dem Motto: „Kaufen Sie jetzt! Es sind nur noch 73 Exemplare verfügbar."

Was all diese Seiten verbindet, ist, dass die Entwickler durch ihre jahrelange Handelserfahrung angeblich genug Geld verdient haben und nun ihr System – quasi aus sozialem Antrieb heraus – einem breiten Publikum anbieten.

Ich hatte eingangs erwähnt, dass es für einen durschnittlich begabten Programmierer kein Problem darstellt, auf die Schnelle ein automatisches Handelssystem zu basteln. Und so wird in diesem Bereich enorm viel Untaugliches produziert und zum Verkauf angeboten.

Es liegt mir fern, alle Anbieter über einen Kamm zu scheren. Denn es gibt sie natürlich, die guten Systeme und die seriösen Anbieter. Ich will Ihnen hier nur aufzeigen, auf welche Tricks oder Werbeaussagen sie besser nicht hereinfallen sollten. Das gilt vor allem für amerikanische Anbieter und speziell für Angebote über Ebay.

Der Performance-Trick

Sobald Sie auf einem Kontoauszug die Überschrift „Strategy Tester Report" lesen, sollten Sie misstrauisch werden. Solch ein Kontoauszug ist lediglich ein „Was wäre gewesen, wenn"-Szenario. Das automatische Handelssystem wurde nämlich mit historischen Daten, also Daten aus der Vergangenheit, getestet. Dies ist absolut üblich und für einen Programmierer unverzichtbar, um Programmierfehler aufzudecken und zu korrigieren.

Die Qualität der Ergebnisse hängt von vielen Faktoren ab, die so ziemlich alle beliebig manipulierbar sind. Auch ist die Qualität der historischen Daten entscheidend. Hier gibt es ebenfalls große Unterschiede. Das Testergebnis wird in jedem Fall dementsprechend beeinflusst.

Für Sie als Käufer bedeutet das vor allem eins: Seien Sie lieber ein wenig zu kritisch und lassen Sie sich – wenn möglich – Auszüge von Live-Konten zeigen. Nur diese sind relevant. Nur der Handel auf einem realen Konto unter aktuellen Marktbedingungen kann Ihnen eine relevante Aussage liefern. Seriöse Anbieter werden Ihnen diese Bitte nicht abschlagen beziehungsweise von sich aus darauf hinweisen, welche Resultate auf der jeweiligen Website präsentiert werden. Die seriösen erkennen Sie an den sogenannten realen Forward-Results und nicht an irgendwelchen Backtests oder Demo-Konten.

Der Lot-Trick

Sehr viele automatische Systeme rühmen sich, in vielen Währungspaaren gleich gut zu funktionieren. Ich halte diese Aussage für falsch und gefährlich. Das wäre in etwa so, als ob Sie einen Ferrari kaufen könnten, der sowohl für einen Formel-1-Kurs als auch für einen Ausritt in schweres Gelände tauglich ist. Sie sollten bei solchen Aussagen auf jeden Fall jedes Währungspaar einzeln testen. Wirklich gute Programme sind spezifisch auf einzelne Währungspaare abgestimmt.

Und das Wichtigste: Sie handeln mit einem vernünftigen Money-Management. Es ist ein Leichtes, mit einem schlechten System werbewirksame Gewinne auszuweisen. Sie nehmen einfach einen Zeitraum, in dem der Robot gut gehandelt hat. In diesem Zeitraum wurde mit einem enormen Hebel und extrem weiten Stopps gehandelt. Das bringt natürlich relativ leicht gute Zahlen. Positionen werden so beispielsweise einfach „ausgesessen".

Der Stopp-Trick

Das Gleiche gilt auch für den Stop-Loss. Ich kenne Systeme, die wirklich gut funktionieren, zumindest eine Zeit lang. Allerdings sind die Stopps meist einige Hundert Pips entfernt gesetzt. Der Take Profit dagegen liegt meist nur bei 20 bis 30 Pips. Diese Strategie ist an sich in Ordnung, sofern alles reibungslos verläuft. Mit reibungslos meine ich, dass Ihr Konto das aushalten muss hinsichtlich der Equity. Und Sie müssen die Nerven dafür haben. Stellen Sie sich vor, Sie liegen mit Ihren Positionen (meist werden mehrere eingegangen) 900 Pips daneben. Und das über zwei oder drei oder sogar mehr Tage. Bei solchen Zahlen braucht es viel Vertrauen in die Programmierer und den Robot.

Meiner Meinung nach sollte sich das Verhältnis in etwa bei zwei (TP) zu eins (SL) bewegen, also ein vernünftiger Stopp, abhängig vom Zeitfenster, und ein guter Take Profit.

Das war noch nicht alles

Es gibt noch viele weitere Vorgehensweisen, Sie zum Kauf eines automatischen Handelssystems zu bewegen, aber die wichtigsten Punkte haben Sie nun kennengelernt. Vor allem amerikanische Anbieter lassen wirklich nichts unversucht, Sie zum Kauf zu bewegen. Bei uns in Europa und ganz speziell in Deutschland und Dänemark geht es wesentlich seriöser zu.

Warum werden solche Systeme überhaupt verkauft?

Eine gute und absolut berechtigte Frage. Würden Sie Ihr Handelssystem, das stetig Gewinne einbringt, jemand anderem verraten? Wohl kaum, bestenfalls Ihrem besten Freund. Die Verkäufer der Handelssysteme kennen den Markt sehr gut. Häufig haben Sie es mit guten Tradern zu tun, die ihre Strategie in einen Automaten umgesetzt haben. Aber warum verkaufen sie ihn dann?

Geltungsbedürfnis oder ein Egotrip sind mögliche Antworten auf diese Frage. Sicherlich ist es reizvoll, solch ein System zu kreieren. In der Regel steckt meist auch monatelange Entwicklungsarbeit dahinter, jedenfalls bei den guten Systemen. Aus meiner Sicht gibt es zwei Antworten.

Die erste stellt tatsächlich auf das Bedürfnis ab, sich rühmen zu können, ein einmaliges, funktionierendes System kreiert zu haben. Eventuell hat ein größeres Handelshaus Interesse daran und zahlt entsprechend für das Programm.

Die zweite Erklärung ist aus meiner Sicht naheliegender und dazu noch lukrativer. Wenn Sie ein automatisches System kaufen, wird Ihnen üblicherweise auch gleich ein passender Broker empfohlen. Sofern Sie also ihr System bei diesem Broker laufen lassen, fallen Kickback-Zahlungen an den Vermittler an. Der Verkauf des Systems ist dann nur noch Nebensache,

also Mittel zum Zweck, denn der Verkäufer erhält seine Provision nach gehandelten Positionen und Lot.
Wenn das System funktioniert und Ihnen Gewinne einbringt, ist das auch absolut in Ordnung. Aber – ich hatte es schon erwähnt – es werden mehr funktionsunfähige als funktionierende Robots angeboten. Für die Verkäufer kann sich das dennoch rechnen, da zumeist auch noch Serverplätze angeboten werden und Ihre E-Mail-Adresse an andere Anbieter weitergegeben wird.
Dennoch wurden die beliebtesten Systeme in den letzten zwei Jahren durchschnittlich über 60.000 Mal verkauft. Sie sehen, auch ohne Kickback kann man Millionenumsätze machen.

Was darf so ein System kosten?

Was billig ist, taugt nicht viel. Diese Aussage trifft in diesem Fall wirklich zu. Ausnahmen bestätigen allerdings auch hier gelegentlich die Regel. Für ein gutes automatisches System müssen Sie – zumindest im europäischen Raum – mindestens 1.000 Euro einkalkulieren. Ab dieser Preisklasse rechtfertigen die Systeme auch den Preis – indem sie für Sie Gewinne einfahren.

Programmieren lassen

Wenn Sie mit dem Gedanken spielen, Ihre eigene Handelsstrategie in ein automatisches System umsetzen zu lassen, befinden Sie sich in guter Gesellschaft. Wie schon erwähnt bietet die Automatisierung einige entscheidende Vorteile gegenüber dem manuellen Handel. Allein die Zeitersparnis ist enorm. Um den richtigen Programmierer zu finden, können Sie wiederum Google bemühen. In diesem Fall werden Sie eine relativ überschaubare Anzahl von Anbietern als Ergebnis erhalten.

Hier einige Tipps, die Sie beachten sollten:

1. Die Herausgabe Ihres Handelssystems ist absolute Vertrauenssache. Eine vertragliche Regelung, besonders hinsichtlich der Verwendung des entstandenen Robots, ist unbedingt erforderlich. Klären Sie diesen Punkt unbedingt, bevor Sie Ihre Strategie verraten!
2. Vereinbaren Sie vor der Auftragserteilung einen Kostenrahmen, am besten eine Pauschale bis zur Fertigstellung. Änderungen werden gewöhnlich extra berechnet.
3. Lassen Sie sich nach Fertigstellung unbedingt auch den Quellcode aushändigen.
4. Fragen Sie den Programmierer nach seiner Handelserfahrung. Meiner Meinung nach kann nur jemand, der auch selber handelt, Gedankengänge nachvollziehen und entsprechend umsetzen.
5. Haben Sie Geduld und überprüfen Sie die einzelnen Arbeitsschritte auf einem Demo-Konto.
6. Nicht jedes manuelle System ist auch als Automat geeignet beziehungsweise 1:1 umsetzbar.

Die Kosten für eine professionelle Programmierung beginnen bei etwa 250,- Euro. Nach oben gibt es selbstverständlich keine Grenze. Die Aufwendungen hängen immer von der Komplexität der Strategie und deren Umsetzbarkeit ab.

Nachteile der Automaten

Ein Roboter kann nur das, was ihm einprogrammiert wurde, auch wenn einige Anbieter schon von lernfähigen Handelssystemen sprechen. Diese Aussage ist mit Vorsicht zu genießen. Ein Automat kann nun einmal keine Wirtschaftsnachrichten lesen. Er hat auch kein Gespür für aktuelle Marktgeschehnisse. Nehmen wir als Beispiel die Arbeitslosenzahlen in den USA. Als Händler wären Sie in dieser Zeit – hoffentlich – nicht im Markt investiert, Ihr System höchstwahrscheinlich sehr wohl. Noch wesentlicher ist aber, das die wenigsten Systeme genau genug an den Markt angepasst werden können. Sind sie zu starr, funktionieren sie bestenfalls immer nur eine begrenzte Zeit lang. Wenn Sie ein flexibles System kaufen, müssen beziehungsweise sollten Sie sich ausgiebig mit der zugrunde liegenden Strategie beschäftigen – vor dem Kauf! Denn der Robot handelt stur nach den Vorgaben. Diese sollten aber veränderbar sein. Dafür ist natürlich ein gerüttelt Maß an Forex-Wissen vonnöten. Ein guter Support und regelmäßige Updates seitens des Verkäufers sollten also selbstverständlich sein. Nur so kann gewährleistet werden, dass das System immer aktuell ist.
Bitte bedenken Sie immer Folgendes: Automatische Systeme werden von Menschen programmiert. Daraus folgt, dass es fehlerfreie Programme nicht gibt. Allein das Betriebssystem Ihres Computers beweist es Ihnen täglich, nicht wahr?

VPS und 24/7

Automatische Systeme arbeiten rund um die Uhr für Sie, also 24 Stunden am Tag. Damit das gewährleistet ist, muss Ihr Rechner natürlich eingeschaltet bleiben. Der Grund ist einfach der, dass der Berechnungs-Algorithmus zunächst angestoßen wird und das System erst einmal anfängt, den Markt zu analysieren. Es ist also nicht ungewöhnlich, wenn Ihr Robot erst einige Stunden, in manchen Fällen auch ein bis zwei Tage berechnet beziehungsweise analysiert, bevor die ersten Positionen gesetzt werden. Dieser Vorgang sollte auf gar keinen Fall unterbrochen werden.

Nun ist es nicht immer möglich, den heimischen Computer 24 Stunden am Tag durchlaufen zu lassen. Gerade bei Laptops wird hier sehr schnell die physikalische Belastungsgrenze überschritten. Die Lösung für dieses Problem lautet VPS-Server. VPS steht für Virtual Private Server, also einen Bereich auf einem Großrechner, den Ihnen ein Dienstleister zur Verfügung stellt. Dort parken Sie Ihre Handelssoftware und installieren Ihren Handelsroboter. Damit ist ein unterbrechungsfreier Betrieb zu 99 Prozent sichergestellt.

Die Kosten für einen VPS-Server sind relativ moderat. Sie liegen je nach Anbieter in etwa bei Euro/US-$ 60,- bis Euro/US-$ 100,- pro Monat. Gewöhnlich sind die Setup-Kosten bereits enthalten.

Dazu gleich noch ein Warnhinweis: Einige Anbieter nutzen die Unkenntnis der Kunden aus und verlangen recht hohe Beträge allein für das Aufsetzen eines solchen Servers. Jeder Betrag über Euro/US-$ 100,- ist eigentlich nicht mehr gerechtfertigt und Geldschneiderei.

Einen Robot mieten

Bei einigen Anbietern ist es auch möglich, sich einen Handelsroboter zu mieten. In der Praxis sieht das so aus, dass Sie ein Konto bei einem Broker eröffnen und der Anbieter Ihr Konto per Automat automatisch handeln lässt. Damit haben wir es quasi mit einem Managed Account zu tun. Diese Variante ist sicherlich sehr bequem für Sie als Kunde. Ich darf oder besser muss Sie aber auch hier auf einige Fallstricke – das Wort Tricks vermeide ich besser – hinweisen.

Zunächst einmal sind die Setup-Kosten für den VPS-Server zu beachten. Wie erwähnt sollten Sie hier bei zu hohen Beträgen misstrauisch sein.

Der nächste Punkt ist der auf Ihr Handelskonto eingezahlte Betrag. Wenn die monatlichen Kosten von der Höhe des Betrages abhängig sind, ist Vorsicht geboten. Warum sollten Sie bei einer Einlage von 50.000,- Euro mehr bezahlen als bei einer Einlage von 10.000,-? Der Aufwand für den Betreiber ist der gleiche. Bedenken Sie immer Folgendes: Wenn Sie eine monatliche Miete von zum Beispiel 1.500,- Euro bezahlen, dann müssen erst einmal diese 1.500,- Euro Gewinn erzielt werden, bevor Sie die Gewinnzone erreichen. Ihr gemietetes System muss also zunächst einmal die monatlichen Beträge erwirtschaften, bevor Sie in die Gewinnzone kommen. Das System arbeitet demnach zunächst einmal für den Anbieter. Und bei einer Drawdown-Phase …

Insofern ist es sicherlich deutlich sinnvoller, eine einmalige Anschaffung zu tätigen und sich mit Hilfe eines Informatik-Studenten die Software auf einen selbst gemieteten Server aufspielen zu lassen.

Sehen Sie die Sache realistisch – Fazit

Persönlich bin ich ein absoluter Befürworter von automatischen Systemen. Allerdings sehe ich diese immer als sinnvolle Ergänzung zum manuellen Handel. Es spricht also nichts dagegen, das persönliche Portfolio um ein oder sogar mehrere automatische Systeme zu erweitern und dazu auch manuell am Markt zu agieren.

Mein Ratschlag an alle Leser lautet: Bleiben Sie realistisch. Betrachten Sie Ihren Automaten als mittelfristiges und/oder langfristiges Investment. Schöpfen Sie Ihre Gewinne regelmäßig ab und lassen Sie den Robot das Ganze wiederholen. Dafür wurde er konzipiert und dazu ist er für Sie da.

Vergessen Sie aber auf keinen Fall den manuellen Handel. Sammeln Sie weiterhin Erfahrungen und arbeiten Sie an Ihrem manuellen System. Denn nur so werden Sie die Qualität eines automatischen Systems und die dahinter liegende Philosophie erkennen und einschätzen können. Und vielleicht setzen Sie ja auch Ihr persönliches manuelles System in einen Automaten um.

Ich hoffe, ich konnte Ihnen das Thema Automatische Handelssysteme ein Stück weit näherbringen. Es ist schier unmöglich, im Rahmen dieses Buches alle Facetten zu beleuchten und auszuführen. Die wichtigsten Punkte sind jedoch behandelt worden und sollen Ihnen als erste Orientierungshilfe dienen. Die ausgesprochenen Warnungen sollten Sie nicht abschrecken, sondern als Leitfaden dienen, um Anfängerfehler zu vermeiden. Ich wünsche Ihnen, das Sie auf dem Markt der Robots fündig werden und das für Sie passende System finden.

Zum Schluss

Wenn Sie aus diesem Buch zumindest einen nützlichen Satz für sich entnehmen konnten, hat sich Ihre Mühe, dieses Buch zu lesen, oder auch meine, das Buch zu schreiben, schon gelohnt. Mir war es wichtig, Ihnen einen möglichst umfassenden Blick auf den Devisenmarkt zu bieten – einen Blick aus der Praxis. Die besprochenen Handelsbeispiele sind nur ein kleiner Teil eines Baukastens, den Sie sich im Laufe der Zeit selber zusammenstellen werden. Ich wünsche Ihnen gute Trades und würde mich freuen, wenn Sie neugierig geworden sind und weitere Elemente für Ihren Baukasten sammeln wollen. Denn es geht um nichts weniger als um den spannendsten Markt der Welt.

IV.

MEIN HÄNDLER-LEBEN AM LIMIT

In der Einleitung habe ich von meiner Motivation gesprochen, dieses Buch zu schreiben. Es stellt eine Bestandsaufnahme dar. Dazu gehört somit auch ein etwas umfangreicherer autobiografischer Part. Diesen Teil habe ich absichtlich ans Ende des Buches gestellt. Praktische Tipps für den erfolgreichen Handel an der Forex werden Sie hier nicht finden. Allerdings werden Sie erfahren, was zum Beruf eines professionellen Händlers gehört, wie häufig er sich am Limit bewegt, welchen Einfluss sein Job auf die Psyche und somit auf sein Umfeld hat und welche teils bitteren und schönen Erfahrungen ich in der so schillernden Finanzszene habe machen müssen beziehungsweise machen dürfen.

Geboren wurde ich in den Sechzigerjahren im April. Ich bin ein Widder, also ein impulsiver Mensch. Manche sagen, das sei das ideale Sternzeichen für einen Händler. Impulsiv, schnelle Entscheidungsfindung und alles, was zum Handeln dazugehört. Das stimmt natürlich nur bedingt. Ich habe Spitzenhändler in meinem Leben kennengelernt, die in Sekundenbruchteilen wussten, ob Sie eine Order aufs eigene Buch nehmen. Dafür brauchten Sie für die Getränkebestellung im Restaurant gut zehn Minuten.

Meine Eltern bescherten mir eine unbeschwerte Kindheit und Jugend. Das Leben habe ich mir selbst schwer gemacht, und zwar bereits in der Schule. Ich kam mit diesem System nicht mal im Ansatz zurecht. Mir war vollkommen bewusst, dass ich durch diese Schule gehen musste. Da ich von Natur aus auch noch ehrgeizig bin, wurde jeder Rückschlag in Sachen Noten eine neue Motivation, zu kämpfen.

Kämpfen musste ich wirklich. Leider sind meine Voraussetzungen nicht die besten. Eine leichte Legasthenie plagte mich von Kindesbeinen an. Dennoch absolvierte ich den Leistungskurs Deutsch mit elf Punkten, also einer guten Zwei, was ja zumindest an bayerischen Gymnasien noch etwas bedeutet. Ich war also schon als Kind ein Kämpfer. Insgesamt schloss ich mein Abitur mit der Note von 2,4 ab, nicht zuletzt dank meiner Nachbarin, die mir mit Engelsgeduld in Deutsch und Latein Nachhilfe gab.

Danach ging es zur Bundeswehr: Fallschirmjäger mit einer Grundausbildung in einer berüchtigten Kaserne. Meine Quälerei sollte also vorerst kein Ende haben. Denn die Ausbildung zum Fallschirmjäger gehörte neben der zum Kampfschwimmer zu den härtesten, die die Bundeswehr im Angebot hatte. Für mich war es jedoch ein Glücksfall. Als „harter Mann", durchtrainiert bis in die Haarspitzen, wurde ich nach Altenstadt abkommandiert. Dort wartete eine neue Aufgabe auf mich. Die Kaserne in Altenstadt war die Ausbildungsstätte für alle, die eine Sprunglizenz erwerben sollten, angefangen vom Jetpiloten bis zum Kampfschwimmer. Kurz gesagt, alle Elitesoldaten waren einmal in Altenstadt, um Springen zu lernen.

Ich absolvierte natürlich auch die Sprungausbildung. Dann kam der erste Sprung: Viele, die die Ausbildung bis hierher geschafft hatten, hatten richtig Angst, als es ernst wurde. Ich will mich hier nicht als Held darstellen, aber ich blieb im Flugzeug recht gelassen. Es ist aber schon erstaunlich, wie ansteckend Angst sein kann, wenn viele Menschen in einem Raum zusammen sind. Sie überträgt sich sehr leicht.

Dann geht alles sehr schnell. Sitzt man erst einmal in der Transall, gibt es kein Zurück mehr. Die Tür geht auf, die Hupe erklingt und es geht ab nach draußen. Ich bin noch nie so schnell nach links abgebogen. Die Anströmung von 250 km/h ist gewaltig. Das Anschlagen an die Flugzeugwand realisiert man in diesem Moment nicht. Nur der blaue Fleck am linken Oberarm zeigte mir überdeutlich, dass ich unmittelbar nach dem Absprung noch an das Flugzeug geprallt war.

Meine Militärzeit und besonders das Springen haben mich sehr geprägt. Zum besseren Verständnis: Der damals übliche Fallschirm der Bundeswehr nannte sich T-10. Grün, mit 80 Quadratmetern riesig groß, unlenkbar. Und das alles Entscheidende: Man fällt mit einer Geschwindigkeit von vier Metern pro Sekunde. Wir haben in dieser Zeit 150 DM Springerzulage zum üblichen Sold bekommen – wegen des Gesundheitsrisikos. Pro Sprung, den unser Zug absolvierte, hatten wir eine zehnprozentige Ausfallquote. Knochenbrüche, Bänderrisse und Rückenverletzungen waren in Altenstadt an der Tagesordnung. Somit war der Sanitätsbereich bestens versorgt.

Bei meiner ersten Landung herrschten Windgeschwindigkeiten von 16 Knoten, was die Landegeschwindigkeit noch erhöhte. Das Resultat: Ich „detonierte“ am Boden und hatte eine schwere „Commotio cerebri“, sprich eine schwere Gehirnerschütterung. Beim Aufschlag verlor ich für kurze Zeit das Bewusstsein und last but not least meine äußerst robuste Uhr. Sie können sich vorstellen, dass die Begrüßung durch Mutter Erde entsprechend hart ausfiel.

Aber wir Fallschirmjäger waren ja hartgesotten und somit, als ich wieder ein wenig klarer denken konnte, ging es erneut zum Flughafen, um einen weiteren Sprung zu absolvieren. Meine Kopfschmerzen waren fast unerträglich. Als ich erneut mit den anderen (alle waren nicht mehr dabei) im Flugzeug saß, bekam ich Angst – große Angst! Offen gesprochen, ich hätte in die

Hosen machen können. Ich dachte fast, ich sterbe vor Angst. Das war, im Nachhinein gesehen, das erste und letzte Mal, dass ich wirklich Angst hatte. Seitdem habe ich dieses Gefühl, Gott sei Dank, nicht mehr in diesem Maße verspürt.

Nach zwei Tagen im Bett mit viel Kopfschmerzen ging es aber wieder los. Ich liebte den Kitzel und war stolz darauf, den Springerlehrgang absolviert zu haben.

Danach wurde ich Fallschirmpacker. Von Herumsitzen konnte nicht die Rede sein. Wir malochten rund um die Uhr, um die Schirme zu packen, die andere in der Luft bremsen sollten. Insgesamt habe ich 2.367 Schirme gepackt. Jeder einzelne ist aufgegangen. Damit wir auch sorgfältig arbeiteten, musste jeder Fallschirmpacker in regelmäßigen Abständen mit einem ausgewählten Schirm, den er selbst gepackt hatte, springen. Dies geschah natürlich nur dann, wenn andere nicht springen durften. Ansonsten hätten nicht genügend Schirme zur Verfügung gestanden.

Wir waren die erfahrensten Springer ganz Deutschlands. Die magische Grenze waren 18 Knoten Wind. Gesprungen sind wir aber teilweise bei 24 Knoten Wind. Sicherlich waren wir „harte Jungs", aber bei solchen Verhältnissen hörte sogar für uns der Spaß langsam auf. Übrigens, keiner der Fallschirmpacker hat sich während meiner Dienstzeit beim Springen verletzt.

Das Packen von Fallschirmen war harte Arbeit und die Bezahlung war schlecht. Aber wir hatten unseren Spaß und der Galgenhumor war unser ständiger Begleiter. Einmal schnitten wir aus der Tageszeitung alle Todesanzeigen aus und stopften sie in den gepackten Schirm, damit der Springer sie nach der Landung studieren konnte.

Dennoch waren wir uns unserer Verantwortung sehr wohl bewusst. Wenn wir schlecht packten, dann ist das, gelinde gesagt, kein Vergnügen für den Kameraden in der Luft. Aber genug davon. Ich habe überlebt und es hat mich maßgeblich geprägt. Im Nachhinein beurteile ich meine Bundeswehrzeit als positiv. Sie hat mich gelehrt, an meine Grenzen zu gehen. Außerdem wusste ich mit Sicherheit, was ich später einmal beruflich nicht machen wollte.

Doch dann lautete die Devise: „Raus aus dem Laden". Ich hatte die Nase voll. Ich hatte mir von Anfang an meinen kompletten Urlaub aufgespart, damit ich so schnell wie möglich meinem Ziel nachgehen konnte, Händler zu werden. Mit einem Sonderantrag bekam ich noch zwei Wochen Wehrzeitverkürzung und konnte sofort mit einer Banklehre bei der Dresdner Bank beginnen.

Ich verließ die Bundeswehr an einem Freitag und fing am Montag in der Zweigstelle in bayrischen Solln an. Das war wie Urlaub. Kein Drill, dazu war ein gewisser geistiger Anspruch vorhanden. Ich lernte viel und bin allen Beteiligten noch heute dankbar, dass sie die Geduld für mich aufgebracht haben. Ich war wohl mit Abstand die größte Niete am Schalter. Verkaufen wollte und konnte ich nicht, schon gar nicht die Bankprodukte. Davon leben aber die Banken. Zu diesem Thema kommen wir später noch.

Ich wollte immer an die Börse. Damals in den späten 80er-Jahren war der Beruf des Börsenhändlers noch angesehen. Die Verdienstmöglichkeiten waren gut und nur wenige kamen ans Ziel. Ähnlich wie beim Jetpiloten wurde richtig hart selektiert. Aber ich hielt an meinem Ziel fest. Nach zwei Jahren legte ich meine Prüfung zum Bankkaufmann ab. Ich bin heute noch froh,

diese Banklehre absolviert zu haben. Ich habe erfahren, wie Banker ticken, die einzelnen Abläufe kennengelernt und noch vieles mehr.
An einem Freitag hatte ich meine mündliche Abschlussprüfung bei der IHK. Ich sollte unter anderem ein Anlagegespräch führen. Das kam mir natürlich entgegen. Um 12.35 Uhr hatte ich bestanden. Ich war jetzt zwar Bankkaufmann, aber von meinem eigentlichen Ziel war ich noch ein ganzes Stück entfernt. Also setzte ich mich ins Auto und fuhr direkt vom Prüfungsort zum Personalchef der Dresdner Bank in München. Ich wurde sogar empfangen und fragte ihn, was ich machen müsste, um Aktienhändler zu werden. Die Antwort lautete wie folgt: „Zwei Jahre Schalter, zwei Jahre Kundenberater, zwei Jahre Wertpapier-Technik und dann vielleicht eine Händlerausbildung“. Dies war wirklich der Gipfel der Erniedrigung. Ich bedankte mich nur bei ihm und sagte: „Leben sie wohl“. Das war es dann mit der Bankerlaufbahn.
Wie gesagt, es war Freitag. Am Samstag ging ich auf den Golfplatz, um ein paar Löcher zu spielen. Das hatte ich mir wirklich verdient. Mein Vater war und ist Golfprofessional. Somit war mein Leben von Kindheit an und zu einer Zeit, als man diesen Sport nur in England und in den USA kannte, von Golf geprägt worden. Der Vorteil war, dass ich seit vielen Jahren den damals größten privaten Börsenmakler in Deutschland kannte: Paul Berwein.
Bevor ich zum Militär eingezogen wurde, nannte er mir eine Bedingung: Eine Banklehre zu machen, was ich ja auch tat. Ich kannte Paul Berwein seit meiner Kindheit. Er war mein Mentor und ein paar Jahre später wurde er auch Taufpate meiner ältesten Tochter Maria. Wie es der Zufall so will, traf ich Herrn

Berwein auf der Driving Range. Meine erste Frage an ihn war: „Was soll ich jetzt machen?“ Ich war 21 Jahre alt und arbeitslos. Die Antwort war kurz und präzise: „Fahre in die Stadt, kauf Dir einen Anzug und am Montag kommst Du zu mir ins Büro“.

Der erste Schritt war damit getan. Urlaub oder Durchschnaufen war nicht angesagt. Die letzten vier Jahre verliefen geradezu nahtlos. Das war mir aber egal. Ich wollte Börsenmakler werden und nichts anderes. Nach der Aufforderung von Paul Berwein sah ich mich schon auf dem berühmten Börsenparkett, laut rumbrüllend und Geschäfte abwickelnd. Nichts dergleichen war der Fall. Als ich das Büro der Paul Berwein GmbH betrat und die Tür öffnete, konnte ich das Ende des Händlerraums nicht erkennen. Nicht etwa, weil er so groß war, sondern weil der Zigarettenqualm so dicht war. Diesen Anblick werde ich nie vergessen. Auf 50 Quadratmeter waren zehn Kettenraucher inklusive Chef eingepfercht. Ich fragte mich, ob die Vorhänge wirklich gelb waren oder ob es nur am Nikotin lag.

Jetzt ging es los. Viel Rauch, viele Bildschirme, viele Telefonate, mein Herz schlug höher. Jetzt war ich in meinem Element und dort, wo ich immer sein wollte. Ich wurde aber schnell wieder auf den Boden der Tatsachen geholt. Der Ton war rau. Ein ordentlicher Anpfiff war an der Tagesordnung, Brotzeitholen war Pflicht, Müll entsorgen gehörte auch zu meinen Aufgaben, kurzum: alles, was ein gewöhnlicher „Spund“ machen muss. Mein Berufswunsch wurde auf eine harte Probe gestellt. Man wurde streng an die Kandare genommen. Am schlimmsten war jedoch der Umgangston. Ich glaube, auf einer Baustelle wird freundlicher kommuniziert. Doch ich hatte Verständnis für die rauen Sitten, schließlich ging es jeden Tag um mehrere Millionen DM.

Richtig aufregend wurde es dann nach vier Wochen. Bisher dachte ich, jeder Tag sei hektisch. Dann aber kam der Crash von 1989. Jetzt bekam ich eine Vorstellung davon, was ein Crash und was Hektik wirklich bedeutet. Alles, was ich bis dahin erlebt hatte, war im Vergleich dazu ein „Kindergeburtstag". Ich kann mich daran erinnern, dass unser Chefhändler um 18.00 Uhr aufstand und sagte: „Ich fahre jetzt ins Krankenhaus, meine Frau hat vor zwei Stunden entbunden". Es war eine Tochter, was er zu diesem Zeitpunkt noch nicht wusste. Ich hoffe, die Frau hat ihm verziehen, aber er konnte nicht anders. An diesem Tag brannte die Luft und die Sicht im Handelsbüro wurde auch nicht besser.

Wir wurden an diesem Nachmittag mit einer solchen Flut von Orders bombardiert, dass wir fast nicht mehr mit der Abwicklung nachkamen. Das Telefon klingelte pausenlos. Die Arbeitsaufteilung war streng geregelt und erst nach einigen Stunden wurden die Personen ausgetauscht. Der besagte Chefhändler ging ans Telefon, einer staffelte die einzelnen Positionen mit, einer änderte die Kurse am Reuters-System und ich als „Spund" sprang zwischen allen hin und her.

Auf dem Rückweg mit der U-Bahn und mit dem Auto hatte ich stets einen Kopfhörer auf. Im Gegensatz zu den anderen hörte ich jedoch nicht die aktuellen Charts. Ich überprüfte die aufgezeichneten Händlertelefonate. War im Laufe des Tages ein Fehler unterlaufen, mussten die Telefonate überprüft werden. Einen Fehler zu finden, der im Laufe eines 8-Stunden-Tages gemacht wurde, ist nicht leicht und man schreibt den ganzen Tag noch einmal nach. Die meisten Fehler habe ich gefunden, nur einen nicht. Dieser Fehler hat wirklich Geld gekostet. Einer unser Händler hatte BASF am Telefon gehandelt, Bayer gestaffelt und Höchst gebucht. Die Chemie-Werte hatten es schon immer in sich.

Meine Tage verstrichen und ich ging weiterhin Brotzeitholen. Das hatte auch manchmal seine guten Seiten. So kam ich einmal auf dem Weg zum örtlichen Feinkostladen an der Privatbank Merck Fink vorbei und sah zufällig einen Papierschnipsel auf dem Gehsteig. Mir war sofort klar, was da lag. Es war ein Zinscoupon einer südafrikanischen Anleihe im Wert von 700 DM, wie sich später herausstellte. Das war ein echtes Geschenk. Wissen Sie, wie viel 700 DM damals für mich waren? Ich hob ihn auf, bog um die nächste Ecke, ging zur damaligen Hypobank und löste ihn ein. Den Anpfiff, warum es so lange mit der Brotzeit gedauert hat, habe ich mit Würde ertragen.

Nicht, dass Sie jetzt schlecht von mir denken. Dieser Coupon war wie ein Geldschein. Auch nach einer Rückgabe an die Bank hätte man den Eigentümer nicht ausfindig machen können. Da ich mir dessen bewusst war, habe ich das Geld „über Los" genommen, im meinem Fall „um die Ecke". Ich möchte an dieser Stelle nicht unerwähnt lassen, dass ich während meiner Lehre eine Geldbörse mit 3.700 DM gefunden und diese ordnungsgemäß zurückgegeben habe. Sie sehen, ich bin eine ehrliche Haut.

Crash hin, Crash her: Meine Ausbildung bei Paul Berwein ging weiter und es kam zu dem besonderen Tag, an dem ich einen Händler zur Börse begleiten durfte. Die Betonung liegt dabei auf „begleiten". Dies hieß damals für mich, dass ich das Telefon halten und das weitergeben musste, was mir die Zentrale mittteilte.

Damals war der Handel noch nicht vernetzt. Sie konnten tolle Arbitrage-Geschäfte machen. Es gab zu der Zeit acht unterschiedliche, aber intakte regionale Börsen in Deutschland. Die Preisunterschiede waren zum Teil immens. Wenn Siemens in München 3,5 zu 4,5 gehandelt wurde, lag der Preis in Hamburg unter Umständen bei 5,0 zu 6,0. Also kaufte man in München und verkaufte in Hamburg. Dieses auch Arbitrieren genannte Geschäft machten wir täglich. Das Telefon war zu dieser Zeit das schnellste Informationsmittel. „Lächerlich", werden Sie heute sagen, aber der elektronische Handel war noch nicht erfunden. Daher gab es auch noch keine Transparenz, was die Kurse an den verschiedenen Handelsplätzen angeht.

Es gab auch noch keinen Zeitstempel für eine Order, was heute selbstverständlich ist. Wenn eine Order erteilt wurde, konnte nicht geprüft werden, ob sie eine oder zwei Minuten später weitergegeben wurde. Ich möchte nicht sagen, dass wir daraus Profit geschlagen haben, aber manche taten es. So ist es eben.

Dann kam mein großer Tag. Eines Tages schickte mich der Chefhändler alleine an die Münchner Börse. Meine Aufregung können Sie sich vielleicht vorstellen: Ich ganz allein auf dem heiligen Parkett der Börse. Oben auf der Balustrade kamen die Schulklassen und Besuchergruppen herein und glotzten. Teilweise kam ich mir vor wie ein Affe im Zoo, der von Dutzenden Menschen angegafft wird. Aber man fühlte sich sehr wichtig und es schmeichelte dem eigenen Ego.

Es waren noch die Zeiten, in denen man Hosenträger anhatte. Der Film „Wall Street" war in aller Munde. Michael Douglas spielte seine Rolle extrem gut. Jeder professionelle Händler hat den Film gesehen und lacht heute darüber.

Wenn Sie an die sogenannten Chinese Walls glauben, sind Sie selber schuld. Hinter diesem Begriff verbirgt sich die Überzeugung, dass Informationen innerhalb einer Firma nicht ausgetauscht werden. Dass zum Beispiel das Investmentbanking einer Bank, das gerade eine Firma an die Börse bringt, nicht mit den hauseigenen Analysten über die Firma spricht. Chinese Walls sind lächerlich, sie existieren nicht. Informationen werden immer ausgetauscht.

Ich ging also jeden Tag fleißig zur Börse. Das war genau mein Ding. Händler zu sein machte mir wirklich Spaß, ich liebte meinen Beruf. Der Tagesablauf war klar strukturiert: Um 8.00 Uhr trafen wir uns im Büro. Es folgte eine Einschätzung der Marktlage mit den Kollegen, auch „Morningbriefing" genannt. Einstellen der vorbörslichen Kurse. 9.30 Uhr Verlassen des Büros und Fußmarsch zur Börse. An der Börse angekommen, Aufgabe aller festen Orders, und wenn die Glocke ertönte, ging der richtige Handel los. Das Schöne: Um 13.00 Uhr endete damals in München der Handel. Für uns war der Tag aber noch lange nicht vorbei.

Die Firma Berwein war damals der maßgebliche Marketmaker für die großen Standardwerte. Somit lief der Handel den ganzen Tag. Ich war allerdings kein sonderlich guter Parketthändler. Mein Manko war, dass meine Stimme nicht laut genug war. Ich trat einfach zu brav und zu wenig beeindruckend auf. Diese Faktoren waren ein klarer Nachteil für mich. Mein Vorteil war aber, dass ich stets große Orders hatte. Selbst mit relativ leiser Stimme hörte man mich.

Nach einem Jahr kam dann die erste Neuerung. IBIS wurde eingeführt. IBIS stand für Inter-Banken-Informations-System. Dieses System war der Vorläufer des heutigen Xetra. Jetzt taten sich für mich neue Möglichkeiten auf. Keiner der vorgesetzten Händler hatte Computerkenntnisse. Somit wurde ich ausgewählt und ich wurde einer der ersten IBIS- Händler in Deutschland. Dies hatte Vor- und Nachteile. Jeder andere konnte seinen Arbeitsplatz gegebenenfalls kurz verlassen, sei es für den Toilettengang oder für etwas anderes. Da ich der einzige war, der IBIS bedienen konnte, war ich quasi an meinen Stuhl festgetackert. Das bedarf einer gewissen Planung für den Tagesablauf.

Mit IBIS begannen die Großbanken, auch Marketmaker zu werden. Das heißt, jeder stellte Kurse für die deutschen Blue Chips ein. Wollte man mit der entsprechenden Adresse handeln, griff man zum Telefon und kaufte oder verkaufte. Die Kurse waren verbindlich. Da wir aber die größten Umsätze hatten, waren wir klar im Vorteil und in der Anfangszeit rasierten wir alle großen Banken. Kaum zu glauben, dass eine 15 Mann starke Firma von der Deutschen Bank wegen ihrer Preisstellung gefürchtet wird.

Ich kann mich erinnern, dass ich Bettina K. von der Deutschen Bank anrief, um 3.000 Siemens zu kaufen, weil sich der Kurs bei uns geändert hatte. Die Deutsche Bank war noch eine DM niedriger. Ich rief also Bettina an und Sie fing sofort an, sich zu beklagen, dass wir sie heute schon das fünfte Mal abräumten. Außerdem konnte sie den Kurs nicht ändern, weil sie kurz zur Toilette ging. Wir hätten jetzt die Möglichkeit gehabt, auf den Handel zu bestehen. Aber unter Kollegen macht man so etwas nicht. Also haben wir sie aus dem Trade rausgelassen.

Nach einem Jahr passierte etwas Unerfreuliches. Herr Berwein entschloss sich, seine Firma an einen englischen Broker zu verkaufen, und zwar an SG Warburg Ltd. Damit änderte sich alles:

Englisches Management, die Positionen wurden größer und englische Arbeitskollegen kamen hinzu. Das war der Anfang vom Ende. Um es moderat auszudrücken, das deutsche Stammpersonal wurde degradiert. Wir waren nur noch Mitarbeiter zweiter Klasse. Jeder, der von der Insel kam, wusste alles besser und besaß mehr Kompetenzen. Aber es hatte auch seine guten Seiten. Ich habe zu dieser Zeit sehr viel über die englische Mentalität und über die große Finanzwelt gelernt. Orders in Höhe von 100.000 Stück einer Aktie waren an der Tagesordnung und nichts Besonderes. Denken Sie daran, damals gab es noch 50-DM-Aktien.

Trotz der Marktmacht, die wir hatten, arbeitete das Management ineffizient. Alleine in den folgenden zwei Jahren zog die Firma zweimal um. Sie müssen sich diese Kosten und den logistischen Aufwand vorstellen. Hunderte von Monitoren, Schreibtischen, Dutzende von Servern ... Die Liste ist lang, was alles verlegt werden musste. Das kostete immenses Geld. Wir sagten immer „Money blown out of the window". Zu Recht, denn nach den zwei Umzügen innerhalb Münchens beschloss man dann doch, nach Frankfurt zu ziehen.

Das war der Schlusspunkt für mich. Ich wollte mit dieser Firma nicht nach Frankfurt ziehen. Gerne nach New York oder Singapur, aber nicht nach Frankfurt. Außerdem hatte ich von dieser Zweiklassengesellschaft die Nase voll. Ich beschloss, SG Warburg zu verlassen und den Rest nach Frankfurt ziehen zu lassen. Viele von der damaligen Stammbesetzung machten den Umzug mit. Ganz zum Schluss war ich nur noch alleine am Händlertisch. Dann kam es, wie es kommen musste. Wir sollten für einen Investmentfond 1,3 Millionen VW-Aktien kaufen. Das ist schon eine gewisse Größenordnung.

Sie müssen sich vorstellen, wie es ist, wenn Sie von einem Makler 20.000 Aktien kaufen und einfach sagen können: „Bleibt Geld". Es wurde in diesen drei Tagen fast kein Kurs in VW gemacht, ohne dass ich nicht dabei war. Das hieß, immer und überall gleichzeitig tätig zu sein. Diese Woche hat mich als Händler erwachsen gemacht. Außerdem kannte man in Deutschland meinen Namen, so viel zum Thema Egotrip.

Ich stellte mir in diesen jungen Jahren mittlerweile die Frage, ob es außer Kaufen und Verkaufen noch etwas anderes im Leben gibt. Nicht umsonst sagt man in Frankreich, den dümmsten Sohn schickt man an die Börse, weil er nur 50 Prozent verkehrt machen kann. Er kann nur kaufen oder verkaufen.

Nach fünf Jahren als Aktienhändler entschloss ich mich zu einem Neuanfang. Ich war damals 27 Jahre alt. In diesem Alter hat man das Leben noch vor sich. Aber was sollte ich machen? Ich überlegte circa eine Woche lang, was mir Freude machen würde. Länger dauerte es nicht, denn mein Vater kam auf mich zu. Er baute zu der Zeit einen Golfplatz in Hessen. Es war ein sehr aufwendiges Projekt und in meinen Augen ein sehr gelungenes, sicherlich einer der besten Golfplätze in Deutschland.

Die Betreibergesellschaft suchte nach einem Proshop-Betreiber und jemanden, der dem Management in jeglicher Hinsicht unter die Arme greift. Da ich auf dem Golfplatz aufgewachsen bin, kannte ich alle Abläufe und die Bedürfnisse der Mitglieder. Somit war ich von einem Tag auf dem anderen Proshop-Betreiber, Headgreenkeeper und beratender Golfclubmanager. Das war eine wirklich schöne Arbeit. Ich ging in meiner Tätigkeit vollkommen auf und ich hatte auch das Gefühl, wirklich gut zu sein.

Das Problem war aber, dass Golf kein Geschäft ist. Man kann sicherlich damit überleben, aber die Verdienstmöglichkeiten, die Sie als Händler haben, sind in dieser Branche eher gering. Noch dazu war das zu betreuende Geschäft und Objekt genau 486 Kilometer von meinem Heimatort entfernt. Somit pendelte ich ein bis zwei Mal die Woche morgens hin und abends zurück. Das hat mich in diesen zwei Jahren einen 5er-BMW Touring IX gekostet. Danach war dieser am Ende. Die Fahrzeit betrug zwischen 2 Stunden 57 und 8 Stunden 21. Ich stoppte stets mit, da die Unterbietung der Fahrzeit eine Motivation für die Absolvierung der Strecke war.
Zwischenzeitlich kaufte meine Familie einen Golfplatz südlich von München. Es war klar, dass ich meine Aufmerksamkeit jetzt mehr auf unseren Familienbetrieb richten müsste. Ich beschloss daher, den Proshop abzustoßen und die restlichen Aufgaben in Hessen auslaufen zu lassen, um mich ganz unserem Betrieb widmen zu können. Ich arbeitete sieben Tage die Woche und kann mich noch gut erinnern, wie bei einem Hoffest meine damals schwangere Frau zu mir sagte, dass es jetzt an der Zeit wäre, ins Krankenhaus zu gehen. Es war so weit und meine zweite Tochter Pauline kam zur Welt.
Unser eigener Golfplatz ging den Bach runter. Wir wurden schon beim Kauf betrogen. Die Übernahmebilanz war gefälscht und wir mussten nach circa acht Monaten Konkurs wegen Überschuldung anmelden. Die ganze Sache wanderte natürlich zur Staatsanwaltschaft. Aber was nützt Ihnen ein Verkäufer im Gefängnis, deshalb bekommen Sie Ihr Geld auch nicht wieder. So war es dann auch. Wir sind allen Verbindlichkeiten, die wir eingegangen sind, nachgekommen, ein Teil der Altlasten ist von den Banken abgeschrieben worden. Aber der

Schaden für die Familie war immens. Wir brauchten Jahre, um uns psychisch davon zu erholen, vom finanziellen Schaden ganz zu schweigen.
Ab diesem Zeitpunkt hatte ich genug vom Golfsport als Geschäft, obwohl es meine glücklichste Zeit war. Ich verdiente weniger, hatte aber sehr viel Freude an meiner Arbeit. Nebenbei vergrößerte sich auch meine Familie. Ich wurde zum zweiten Mal Vater und die Verantwortung wuchs damit natürlich.
Jetzt wurde es schon etwas delikater: Einen Job geschmissen, einmal Konkurs gegangen und mit Familie arbeitslos. Sorgen machte ich mir aber nicht. Ich hatte zu dieser Zeit immer noch gute Kontakte. Nach circa zwei Wochen bekam ich einen Anruf von meinem ehemaligen Chefhändler. Dieser war damals auch bei SG Warburg ausgeschieden und machte sich mit dem alten Personalstamm von der Berwein GmbH als Börsenmakler selbstständig. Anfänglich musste die neue Firma kämpfen, aber als Skontroführer für ausländische Aktien in Deutschland entwickelte sie sich immer besser.
Manpower und vertrauenswürdige Neuzugänge waren also gefragt. Somit bekam ich das Angebot, wieder im Finanzbereich zu arbeiten. Da ich frei war und genug vom Golfgeschäft hatte, sagte ich nach einer Minute Bedenkzeit zu. Am nächsten Tag habe ich wieder Aktien gehandelt. Nur war das neue Handelssystem nicht mehr IBIS, sondern Xetra. Egal wie das Kind hieß, es wurde gehandelt, darauf kam es an.
Am Anfang lief der Job in ruhigen Bahnen. Wir waren Marketmaker für über 1.000 Aktien an vier verschiedenen Börsenplätzen. Meine Aufgabe war es, Orders von Banken entgegenzunehmen, auszuführen, abzuwickeln und Positionen aus dem

Marketmaking in New York glattzustellen. Das klingt zunächst banal, aber dieser Job nimmt einen ziemlich in Anspruch, vor allem wenn Sie mehrere Orders gleichzeitig beobachten und bearbeiten müssen.

Eines Tages hatte ich eine sogenannte IW-Order. IW steht für Interesse wahrend. Das heißt, eine größere Stückzahl muss zum Durchschnittskurs innerhalb eines Zeitraumes ausgeführt werden. Liegt man mit dem Durchschnittskurs besser, kann man sich ein wenig aus dem Durchschnittskurs herausschneiden. Liegt man schlechter, kostet es Geld. Der einzige Nachteil an dieser Order war, dass ich den DAX kaufen sollte. Klingt einfach, ist aber neben den anderen Tätigkeiten eine ziemliche Herausforderung. Eine große Order in einem Wert auszuführen ist keine große Kunst, aber 30 kleine Orders zum Schnittkurs auszuführen schon.

Ich kann nur eins sagen: Nach solchen Tagen sind Sie abends komplett fertig. Dies war kein Einzelfall mehr, denn das Geschäftsvolumen unserer Firma nahm rasch zu. Die Belastung wuchs in kürzester Zeit bis zum Unerträglichen an. Das Telefonaufkommen war immens. Das Telefon klingelte im Sekundentakt. Ohne Kopfhörer war ans Arbeiten nicht mehr zu denken. Manchmal wusste ich am Ende des Arbeitstages nicht mehr, wie ich heiße.

Sie können sich sicherlich vorstellen, dass unter einer solchen Belastung das Familienleben leidet. Gespräche mit meiner damaligen Ehefrau fanden nicht mehr statt und die Kinder sahen mich immer weniger. Wie sagt mein kluger Vater immer: Das birgt Konfliktpotenzial in sich.

Es ging einfach so weiter, nur dass ich noch eine weitere Aufgabe annahm. Fernsehen war angesagt. Mein Arbeitgeber schloss eine Kooperation mit dem Nachrichtensender N24 ab. Einer von uns Händlern sollte jeden Tag um 19.30 Uhr im Börsentalk ein Tagesthema besprechen. Der Börsentalk dauerte 15 Minuten. Sie wissen gar nicht, wie lange 15 Minuten sein können, wenn man etwas Kluges sagen soll. Beim ersten Mal hatte ich einen derart trockenen Mund, dass ich vor der Kamera kaum sprechen konnte. Aber nach ein paar Sendungen gewöhnte ich mich an das ganze Drumherum. Außerdem nahm ich immer einen Lippenfettstift mit, um meine Lippen feucht genug zu halten.

Aufregend war auch die Vorbereitungszeit für eine Sendung. Am Nachmittag bekam ich einen Anruf und erfuhr, welches aktuelle Thema sich die Redaktion ausgedacht hatte. Grafiken und Texte mussten jetzt vorbereitet werden. Aber wie? Das operative Geschäft hatte Vorrang. Noch dazu befand sich unser Firmensitz im Westen von München und der Fernsehsender im Osten. Auf diese Aktion am Abend hatte keiner von uns Händlern so richtig Lust. Aber wie es halt so ist, ein großer Teil blieb an mir hängen. Mindestens drei Mal die Woche war ich dann am Abend in Oberföhring bei N24. Das hieß für mich, dass ich erst um 21.00 Uhr zu Hause war. Das war für mein Familienleben nicht gerade förderlich. Die Kinder waren schon im Bett und meine damalige Frau meistens auch. Schwamm drüber, am nächsten Tag war ich wieder um 7.30 Uhr im Büro und das Spiel ging von vorne los. Schließlich war ich im Fernsehen gewesen. Sie werden es nicht glauben, aber ich wurde teilweise in meinem Heimatort und auch woanders darauf angesprochen. Ich gebe zu, ich fühlte mich geschmeichelt.

Sie kennen das sicherlich: Wenn man zurückblickt, würde man viele Dinge anders machen und mit mehr Erfahrung an

die Sache herangehen. Dennoch denke ich gerne an diese Zeit zurück. Es war stets aufregend und wie gesagt, ich war im Fernsehen. Mittlerweile brauche ich diesen Kitzel nicht mehr und ich glaube, dem einen oder anderen diesbezüglich gute Hinweise geben zu können.
Dies bringt mich auf eine grundsätzliche Anmerkung: Fragen Sie bitte niemals jemanden, ob er einen „Tipp" für Sie hat. Ein Tipp ist nichts wert. Wenn Sie einen bekommen wollen, dann fragen Sie bitte den nächsten Taxifahrer. Wir Analysten geben fundierte Empfehlungen ab und keine Tipps. In dieser Hinsicht bin ich sehr empfindlich.
Den Preis, den ich für diese intensive Händlerzeit zahlte, war hoch. Das Wort Feierabend war aus meinem Wortschatz verbannt. Da wir Marketmaker für amerikanische Aktien waren und die NASDAQ bis 22.00 Uhr geöffnet hatte, war der Arbeitstag bei Büroschluss noch lange nicht zu Ende. Aber das war ja egal, Kinder und Frau waren ja eh schon zu Bett gegangen. Am nächsten Morgen klingelte wieder um 5.30 Uhr der Wecker. Ich muss dazu sagen, dass ich sehr wenig schlafe. Sechs Stunden Schlaf sind schon mehr oder weniger das Maximum. Also 5.30 Uhr raus aus den Federn und ab zum Rasieren. Einen schönen Strick (lies: Krawatte) um den Hals und dann ab vor den Fernseher, um in den *CNBC Morning News* zu sehen, was in Asien geschehen war. Um 7.00 Uhr war es dann an der Zeit, das Haus zu verlassen und wieder in die kleine Schlacht zu ziehen.
Spannend war es zu dieser Zeit immer, aber selbst Anspannung kann nach einer gewissen Zeit zu langweilen beginnen. Es ist die Monotonie, die einen zermürbt. Die Ursache für diese Monotonie lag aber bei mir selbst. Ich sorgte für keinen

körperlichen Ausgleich mehr. Ich wurde immer unzufriedener und war als explosiver Mensch ungerecht zu meinen Mitmenschen. Ich war unberechenbar. Einerseits amüsant, freundlich, andererseits ein richtiges Ekelpaket, und das meist noch gegenüber den Menschen, die mir am nächsten standen. Diesen Fehler werde ich nie mehr begehen.

Somit lernte ich eine weitere Lektion in meinem Leben. Ich verdiente gut, hatte Familie und war erfolgreich. So weit, so gut. Als ich aber eines Tages nach Hause kam, eröffnete mir meine Frau, dass sie den nettesten Menschen der Welt getroffen hatte und es besser wäre, wenn ich ausziehen würde. Das war die Retourkutsche.

Wie Frauen so sind, setzte sie sich durch und ich lernte alle Hotels in der Umgebung kennen. Ich dachte zu diesem Zeitpunkt, dass es nur eine vorübergehende Episode wäre, deshalb habe ich keine eigene Wohnung gemietet. Es war eine totale Fehleinschätzung, wie sich herausstellte. Aus dem nettesten Menschen, den meine Frau je getroffen hatte, wurde der nächste und der übernächste. Ich glaube, meine damalige Frau hatte etwas nachzuholen. Aber mir war damals schon bewusst, dass ich an der ganzen Misere schuld war.

Wie Männer so sind, die in die Wüste geschickt werden, begann ich natürlich damit, mich wieder in der weiblichen Welt umzusehen. Wer kann schon alleine im Hotel leben. Und so kam, was kommen musste. Ich verliebte mich in eine Arbeitskollegin. Intelligent, in Harvard studiert, äußerst attraktiv… was soll ich noch sagen. Zu diesem Zeitpunkt war ich alleine und suchte Anschluss.

Es folgte der zweite Tiefschlag: Ich wurde zum dritten Mal Vater. Für mich brach eine Welt zusammen. Ich wusste nicht mehr, wo ich stand und fühlte mich als Verräter an meinen zwei wunderbaren Töchtern. Wie sollte ich ihnen das erklären? Noch dazu hatte ich die Hoffnung, dass wir wieder eine Familie werden könnten. Diese Hoffnung war damit endgültig zunichte gemacht.

Die dritte Hiobsbotschaft ließ auch nicht lange auf sich warten. Mein damaliger Arbeitgeber nahm die freudige Nachricht der Schwangerschaft alles anderes als erfreut auf, verständlicherweise. Eine gut bezahlte Arbeitskraft fällt aus und ein Händler ist durch den Wind. Kürzen wir die ganze Sache ab: Wir verloren beide den Job, allerdings auf eine sehr faire Art und Weise.

Damals war das Ganze für mich eine echte Tragödie. Heute ist es die reinste Freude, dass eine weitere Tochter auf die Welt gekommen ist. Wobei die Geburt alles andere als eine leichte war. Ich war ja schon viel gewohnt und hatte das eine oder andere gesehen. Aber ein Kaiserschnitt war etwas Neues für mich. Es war eine Notoperation. Ich glaube, ich habe mich noch nie so schnell umgezogen. Es ging ruck, zuck, und plötzlich war sie da, die kleine Isabell. Es ist tatsächlich ein Wunder, wenn ein Mensch auf die Welt kommt.

So groß auch die Freude war, dass ein neues Erdenkind unter uns weilte, so groß waren zu der Zeit auch die Sorgen. Wie sollte es weitergehen? Drei Kinder, keinen Job, viele Wohnungen et cetera. Kurzum, ich fühlte mich einfach nicht gut. Gearbeitet hatte ich zu dem Zeitpunkt auch schon lange nicht mehr. Das mag vielleicht für eine Weile sehr angenehm sein, aber auf Dauer war das nichts für mich. Ich teile die Menschen in Macher und Verbraucher ein. Die Verbraucher wollen beschützt werden und die Macher versuchen immer etwas auf die Beine zu stellen. Die Macher haben keine Angst davor, auf die Nase zu fallen. Wenn sie fallen, dann stehen sie wieder auf. Ich betrachte das völlig wertfrei. Jeder Mensch ist so, wie er ist. Dennoch sollte man ehrlich zu sich selbst sein und sich realistisch einschätzen, aber dazu komme ich später noch, weil es beim Börsenhandel eine wichtige Rolle spielt.

Nach einem Jahr Nichtstun wurde ich zunehmend unruhig. Mir kam die Idee, einfach meine gewohnte Umgebung zu verlassen. Das kann nur helfen, dachte ich, also nahm ich ein weiteres Jahr Urlaub und leitete einen Golfclub in Baden-Württemberg. In diesem Bereich bin ich meiner Ansicht nach wirklich gut. Bei den Mitgliedern war ich sogar beliebt. Eine Kombination aus Können, Wissen und Gelassenheit zeichnete mich aus. Außerdem gab es für mich keine Regeln. Ich machte alles möglich und das mit einer stoischen Ruhe. Es war eine wirklich gute Zeit und tatsächlich wie ein Urlaub für mich.

Nebenbei hatte ich mich mit einem ehemaligen Hedgefonds-Händler zusammengetan. Er schlug mir vor, mich mit dem größten Wirtschaftsverlag in Verbindung zu setzen. Der Verlag suchte damals einen Redakteur für einen neuen Börsendienst. Das bedeutete zwei Jobs zur selben Zeit, was für mich jedoch kein Problem darstellte. Mein Motto war immer schon: Der Tag hat 24 Stunden plus die Nacht.

Zu der Zeit hatte ich viel Spaß, da ich sowohl im Golfclub als auch mit dem neuen Börsendienst erfolgreich war. Auch die Zusammenarbeit mit meinem Freund war immer fruchtbar. Unsere Performance im Devisenhandel war erstaunlich. Ich bin mir sicher, wirklich jede Bank hätte uns sofort als Händler eingestellt. Wir wollten aber nicht mehr angestellt sein.

Das war unser klares Ziel. Wir beide hatten genug von diesen starren und unflexiblen Bankenstrukturen. Zu jeder Zeit musste man Rechenschaft ablegen, womit man gerade beschäftigt gewesen war. Der Witz war, wenn man gute Trades gemacht hatte und der Tag war gelaufen, dann musste man gemäß den Gesetzen der Stempeluhr weiter im Büro hocken. Das kann wirklich nicht das Lebensziel sein.
Geld wird nicht mit Arbeit verdient. Ein Mensch kann nur 14 bis 16 Stunden am Tag arbeiten. Wenn er pro Stunde bezahlt wird, gibt es eine simple mathematische Rechnung für seinen Verdienst. Moralisch sehr hochstehend, aber nicht erstrebenswert, zumindest in meinen Augen damals. Ich wollte immer etwas Besonderes sein. Ich wollte den Menschen etwas Gutes tun und gleichzeitig davon profitieren. Wie eingangs erwähnt ist das die Definition von einem Geschäft.

Die einzige Möglichkeit, Geld zu verdienen, ist mit Geld.

Mittlerweile habe ich eine andere Einstellung entwickelt. Meine oberste Prämisse ist nicht mehr nur, Geld zu verdienen, sondern einen Weinberg und einen Olivenhain in der Toskana zu bewirschaften. Das wäre mein Traum.
Ich beschloss, dass der Urlaub nach einem Jahr zu Ende sein sollte, und ging in das persönliche Risiko. Mit einem weinenden Auge verließ ich wieder den Golfclub und kehrte nach Bayern zurück. Mein Partner und ich wollten einen eigenen Börsendienst aufziehen. Wir waren auch ein wenig unzufrieden mit dem Wirtschaftsverlag. Die Anforderungen wurden immer höher, aber das Gehalt nicht. Noch dazu wurde an allem herumgenörgelt. Es kam, wie es kommen musste. Wir hatten

ein Meeting mit der Verlagsführung. Der Weg nach Norden startete mit einem der stärksten Stürme, die Deutschland je erlebt hat. Auf dem Weg zum Flughafen erhielt ich einen Anruf von der Geschäftführerin, die wissen wollte, ob wir kommen würden. Ich musste ein wenig schmunzeln, weil ich selbst Hubschrauberpilot bin und es vollkommen gleichgültig ist, ob der Wind bei 900 km/h mit 40 Knoten mehr oder weniger weht. Zugegeben, bei Start und Landung benötigt der Pilot Fingerspitzengefühl. Aber viel schwieriger war das Einsteigen in den Flieger. Dieser schwankte schon am Boden dermaßen, dass man sich nur mühsam dem Mittelgang entlanghangeln konnte, um zu seinem Sitzplatz zu gelangen. Die Windböen waren heftig. Amüsant war, dass zwei Passagiere angesichts der stark schwankenden Maschine gleich wieder ausgestiegen sind. Mir war das egal. Wie gesagt, Angst kannte ich ja nicht mehr.

Als ich meinen Hubschrauber-Flugschein machte, hatte ich in der vierten Flugstunde einen Absturz kurz nach dem Start. Es ist schon ein wenig merkwürdig, wenn man in sein Flugbuch Start und Landung mit der gleichen Uhrzeit einträgt. Der Totalschaden des Helis war mir egal und am nächsten Tag saß ich wieder in der „Dose". Zwei Flugstunden später hatte ich meinen ersten Alleinflug. Das war für die Flugschule ein Rekord. Der arme Fluglehrer, der mit mir flog, war gänzlich unschuldig. Es war meine Schuld, aber die Windböen von hinten links waren der Grund für einen „dynamic overroll". Jetzt war ich wieder im Fernsehen, aber unter anderen Bedingungen, und zwar, wie ich aus einem Hubschrauber gekrochen kam.

Dennoch, ich wurde ein guter Hubschrauberpilot. Wer so etwas hinter sich hat, wird ein Guter. Zumindest hat man schon

alles hinter sich gebracht. Der Sohn meines Fluglehrers ist nach mir benannt, vielleicht weil wir beide überlebt haben. Ich habe diesen Flugschein mit 26 Jahren gemacht und habe ihn auch alleine finanziert. Die 50.000 DM hatte ich zu diesem Zeitpunkt bei Weitem nicht. Aber meine Seele ließ mir keine Ruhe. Ursprünglich wollte ich immer Pilot werden. Ruhe ist gut für die Seele, daher entschloss ich mich, zur damaligen Hypobank zu gehen und um einen Kredit zu betteln. Der Kreditberater fragte mich, wofür ich das Geld benötigen würde und welche Sicherheiten ich bieten könne. Natürlich keine, und als ich sagte, „Ich will einen Flugschein machen", sah ich, wie mein Gegenüber schmunzelte. Also war der Traum auch schon wieder vorbei. Zum Abschied bat ich ihn nur, Herrn G., dem damaligen Bankdirektor, schöne Grüße auszurichten. Dessen Sohn war mein bester Schulfreund. Am nächsten Tag bekam ich einen Anruf von dem schmunzelnden Kreditberater. Er sagte nur: „Sie haben das Geld". Jetzt schmunzelte ich, und ich lernte wieder eine Lektion, wie die Welt funktioniert. Übrigens, der Kredit wurde innerhalb von 1,3 Jahren wieder zurückgeführt und das mit 28 Jahren. Ich arbeitete tagsüber, verzog mich von der Arbeit so schnell wie möglich und fuhr dann nach Augsburg zum Fliegen. Von der ganzen Theorie-Büffelei möchte ich gar nicht sprechen. Hauptsache in der Luft, das waren meine Gedanken.
Mit dem Fliegen habe ich eigentlich nur angefangen, weil ich nach der Bundeswehrzeit privat das Fallschirmspringen angefangen habe. Das machte ich damals in Ampfing. Es war die aufregendste Zeit meines Lebens überhaupt. Alle Springer waren in einem gewissen Sinne durchgeknallt. Wir wollten nur unseren Spaß in der Luft haben.

Einen Kurs nach dem anderen habe ich belegt. Ich wollte Formationsspringen mit meinen Freunden machen. Beim Formationsspringen müssen alle gut zusammenarbeiten. Bei 200 km/h in der Luft wird jede Bewegung extrem von der Anströmung beeinflusst. Alles muss zusammenpassen. Mein Problem war immer, dass ich zu leicht war. Die Fallgeschwindigkeit war zu langsam. Da ich kein „Dumbo“ war, habe ich mir etwas einfallen lassen. Ich zog mir eine Bleiweste an, die man mit Gewichten bestücken konnte. Diese zu tragen war in der Luft kein Problem. Nur am Boden war sie im wahrsten Sinne des Wortes beschwerlich.
Eines Tages kam er. Wir sprangen immer aus einer Pilatus Porter. Ein toller Flieger. In diesem Fall haben die Schweizer mal etwas Tolles entwickelt. Dieser Flieger zeichnete sich durch seine enormen Leistungen aus. Man konnte mit einer Landestrecke von nur 30 Metern landen. Ich hätte dies nie für möglich gehalten, aber ich habe es erlebt. Es war unglaublich. Der damalige Pilot sagte beim abendlichen Bier einmal: Die Jet-Piloten sind eine Stunde in der Luft und gelten als die Helden. Wir Absetzer gehen am Tag in kürzester Zeit ans Limit auf 4.000 Meter und sind vor den Springern am Boden. Er hatte recht: Es ist eine körperliche Belastung, die ihresgleichen sucht.
Aber zurück zum eigentlichen Thema. Es kam der Tag und ein Helikopter kam dazu. Eine Hui, oder offiziell: eine Bell UH 1-D. Weitere zehn Springer konnten transportiert werden. Es dauerte nicht lange und es wurde eine Formation in Form eines Diamanten mit 20 Springern geplant. Ich wollte in den Hubi, so viel stand fest.
Es wurde über eine Stunde gebrieft. Als alles einstudiert war, ging es los. Zehn Männer und Frauen in der Bell und weitere

zehn in der Porter. Wir flogen die ganze Zeit nebeneinander. Die Türen waren natürlich offen, man konnte die Berge sehen. Ich fühlte mich auf dem Gipfel der Welt. Das war ein unglaubliches Gefühl, in einem Hubschrauber mit offener Tür in 4.500 Metern Höhe zu fliegen und das Panorama zu betrachten.
Es kam aber noch besser. Als das Signal zum Exit kam, stiegen wir auf die Kufen der Hui und ich stand in 4.500 Meter Höhe im Freien. Der damalige Flughafen Riem hat uns keine Freigabe für das „Dropping“ gegeben, weil ein größerer Airliner im Anflug war. Daher standen wir fünf Minuten auf den Kufen und genossen die Aussicht und den Downwash der Rotorblätter über uns. Anschließend zogen wir einen guten 20er-Diamanten runter und jeder hatte ein Grinsen auf dem Gesicht, als wir wieder auf dem Boden waren.
Danach wusste ich, dass ich das Fliegen lernen musste. Bisher war ich immer nur gefallen, und das hab ich wirklich bis zum Exzess betrieben. Alle meine Sprünge zusammengezählt ergeben fast eine halbe Woche Nettofallzeit. Wie ich das finanziert habe, ist mir bis heute schleierhaft. Es waren aber unglaubliche Erlebnisse.
So machten wir eines Tages einen schönen 8er-Stern. Bei einer Höhe von 800 Metern separiert sich die Gruppe, damit keiner der Springer beim Öffnungsvorgang zusammenstößt. Aber wie es so ist, in jeder Gruppe gibt es zwei Spaßvögel, die niedriger ziehen und noch ein wenig weiter fallen. Einer war ich. Das Dumme war nur, dass mein Schirm nicht richtig aufging. Komisch, die Schirme, die ich für andere gepackt habe, gingen immer auf und jetzt meiner nicht.
Es folgten Momente, die unbeschreiblich sind. Wenn man mit 200 Sachen fällt, ist es unglaublich laut. Die Bremse,

sprich der Schirm, bremst Sie in circa zwei Sekunden auf quasi null und es wird angenehm leise. Den Ruck des Öffnungsvorganges möchten Sie sich vielleicht vorstellen können. Möglicherweise resultieren daraus meine heutigen Rückenprobleme. Den Rück also verspürte ich zwar, aber die ganze „Wäsche“ über mir war nicht in Ordnung. Mit diesem Schirm konnte man nicht landen. Jetzt kamen noch einige andere Faktoren dazu. Ich hatte nur noch 250 Meter bis zum „Estimated Impact“ und der andere war die traurige Wahrheit, dass wir falsch abgesetzt wurden und ich unter meinen Füßen einen Kirchturm mit Ortschaft anstatt eines Flugplatzes sah. Vor mir war Wald, hinter mir Stromleitungen. Links und rechts sah es auch nicht besser aus. Ich musste eine Entscheidung treffen. Trenne ich mich von meiner Hauptkappe oder nicht? Dieser beschriebene Zeitablauf darf nicht mehr als drei bis fünf Sekunden dauern. Also weg mit der „Wäsche“ und raus mit dem Reserveschirm. Wenn dieser aufgeht, haben Sie einen weiteren Geburtstag. Was Sie gleich lesen, klingt unglaublich, ist aber nicht erfunden.
Ein Reserveschirm ist westlich kleiner als der herkömmliche Schirm und die Landegeschwindigkeit damit ist wesentlich höher. Sie ziehen also mit Ihrer rechten Hand einen Griff am rechten Brustgurt und trennen sich freiwillig von Ihrem Schirm. Dann wird es wieder schnell. Anschließend ziehen sie mit der linken Hand nach circa einer Sekunde den Reserveschirm. Dieses Gefühl werde ich nie vergessen, als ich erneut einen Ruck verspürte. Meine 250 Meter Höhe sind aber weiter dahingeschmolzen und ich hatte nur noch circa 100 Meter Luft. Nun war eine Landung in der Ortschaft angesagt. Aber wo? Unter mir war ein Reihenhaus mit einem kleinen Garten.

Die Größe des Gartens betrug vielleicht 20 Meter mal 10 Meter. Trotzdem verspürte ich Dankbarkeit. Ich landete in diesem Garten, überschlug mich circa zwei Mal und testete, ob alles noch an mir dran war. Als ich aufblickte, saß auf der Terrassenbank eine ältere Dame, die überhaupt nicht wusste, wie ihr geschah. Ich packte den Schirm zusammen, begrüßte sie freundlich und sagte nur folgenden Satz zu ihr: „Ich freue mich, Sie zu sehen". Dann ging ich zur Tür raus und trampte wieder zum Flugplatz. Am Abend wurde auf dem Flugplatz Geburtstag gefeiert. Das ist so üblich. Am nächsten Tag war ich wieder in der Luft...

Nach circa 50 weiteren Sprüngen wurde ich Hubschrauberpilot. Ich träume aber fast noch jede Nacht vom Springen. Es macht süchtig und ist wie eine andere Welt, in der man gerne sein möchte.

Doch kehren wir zurück zu meinem beruflichen Werdegang. Ich hatte mich mit meinem Partner selbstständig gemacht. Das war eine gute Entscheidung. Wir hatten aufgrund unseres Trading-Erfolges in kurzer Zeit 700 Abonnenten für den Verlag gewinnen können, das war erfreulich. Noch dazu haben wir täglich für einen weiteren täglichen Börsenbrief des Verlages geschrieben. Zu Spitzenzeiten hatten wir 2.500 Leser. Die Vorgaben des Verlages wurden aber immer anspruchsvoller und mein Partner und ich beschlossen, uns von dem Verlag zu trennen. Unsere Erwartungen waren anfänglich nicht sehr hoch. Aber wir gewannen immer mehr Abonnenten für unseren eigenen Börsenbrief. Die Performance hat gestimmt und alles war in Ordnung. Ich hatte das Gefühl, wir waren zur richtigen Zeit am richtigen Ort. Wir hielten pro Jahr mindestens zehn Seminare ab und haben vielen Menschen die Augen

für den Forex-Markt geöffnet. Gearbeitet haben wir sieben Tage und 24 Stunden am Tag. Wir wollten den Erfolg.
Ich wurde dann aber unzufrieden, weil die Belastung zu groß wurde. Drei Telefone läuteten gleichzeitig. Ich konnte meiner Aufgabe nicht mehr gerecht werden. Wie es so kommen muss, hatten wir eine „Draw-down Period“ am Ende des Jahres. Wir verloren einige Kunden aufgrund von deren falschem „Money-Management“.
Dann kam der härteste Schlag in meinem bisherigen Leben. Ich fuhr mit meinen Gesellschaftern von Sioux Helicopter Service nach Freiburg, um unseren Hubschrauber zu verkaufen. An diesem Tag hatte mein Vater Geburtstag und die ganze Familie war anwesend. Es war gar nicht so leicht, alle Familienmitglieder, angefangen bei meiner ehemaligen Frau bis zu meiner Schwägerin, an einen Tisch zu bekommen. Der einzige, der nicht anwesend war, war ich. Plötzlich bekam ich einen Anruf von meinem Bruder, der mir mitteilte, dass meine Mutter während der Geburtstagsfeier meines Vaters verstorben sei. Das zerstörte in diesem Moment eine Welt für mich. Das Schlimme für mich war, dass Sie schon seit längerer Zeit über einen zugeschnürten Hals klagte. Ich fuhr sie noch drei Tage vorher zur ärztlichen Untersuchung. Ich hätte es wissen sollen, dass sie herzinfarktgefährdet ist. Mir fehlt sie heute noch sehr und ich denke viel an sie.
Mit der Wirtschaftskrise und aus verschiedenen anderen Gründen schrumpfte damals unser Geschäft. Ich hatte das Gefühl, dass wir nicht mehr zur richtigen Zeit am richtigen Ort waren. Kurz gesagt, die Energie war ein wenig raus und es fiel sehr schwer, sich wieder zu motivieren. Es musste aber sein. Aufgeben ist leicht. Eine Dame sagte eines Tages zu mir

am Telefon: „In Ihrer Haut möchte ich nicht stecken“. Meine Antwort kam wie aus der Pistole geschossen: „Ich auch nicht“. Als die Gesellschaft langsam schrumpfte und die Umsätze zurückgingen, wuchs natürlich auch die Unzufriedenheit der Gesellschafter. Kurz gesagt, wir entschieden uns, dass jeder seiner Wege gehen sollte. Schade, muss ich sagen. Es gibt immer gute und schlechte Zeiten. Im Rückblick betrachtet hätte ich mich durch die schlechten Zeiten durchkämpfen sollen.

Seit zwei Jahren lebte ich bereits mit meiner neuen Lebensgefährtin zusammen. Sie ist auch Händlerin und eine der wenigen Frauen, die sehr erfolgreich in diesem Markt agieren. Wir beschlossen, die Firma Forex-Sun zu gründen und uns auf die neue Firma zu konzentrieren. Jeder Neuanfang ist natürlich beschwerlich, aber wir sind glücklich, unsere Geschicke in der Hand zu haben und unseren Kunden den bestmöglichen Support bieten zu können.

Sie sehen: Ein Händlerleben kann nicht normal sein. Mit dieser Skizze meines Lebens wollte ich Ihnen nur vor Augen führen, dass Ihr Leben ganz normal verläuft, auch wenn es mal verrückt zugeht. Viele Menschen, mit denen ich spreche, haben das Gefühl, dass Ihr bisheriges Leben irgendwie verkorkst ist. Das mag sein, aber glauben Sie mir: Wenn Sie Trader werden wollen, dürfen Sie nicht normal sein. Packen Sie Ihre Vergangenheit in einen großen Koffer und schicken Sie diesen weg. Das bedeutet ja noch lange nicht, dass Sie alles verlieren, aber Sie müssen Schlussstriche ziehen können.

Genug des Egotrips. Ich habe es nur festgehalten, um jedem aufzuzeigen, dass das Leben wie ein Chart verläuft. Es ist ein Zickzack-Verlauf. Es gibt nicht nur übergeordnete Trends. Jetzt kommen wir zum wirklich Wichtigen.

Die Psychologie!

Was macht einen guten Händler aus? Sind es seine Handelsansätze, seine Sicherheit, mit diesen umzugehen, oder resultiert seine Sicherheit aus seinem Money-Management? Eine dieser Fragen isoliert mit ja oder nein zu beantworten, wäre in meinen Augen falsch. Es ist immer eine Kombination. Einer der wichtigsten Faktoren ist die Erfahrung. Mit der Erfahrung kommt auch Wissen. So sollte es zumindest sein. Vielleicht kann man auch die Reihenfolge umkehren. Wie wir in unseren Seminaren immer vermittelt haben, ist Trading eine Profession und keine spannende Nebentätigkeit. Sicherlich kann man diese Tätigkeit nebenbei ausführen. Es ist nur die Frage, wie erfolgreich diese Menschen dann sind. Nehmen wir ein einfaches Beispiel. Ein Familienvater ist begeisterter Modellbauer. Dieser Mensch kennt sich mit jedem Detail aus, sei es, dass es um Materialbesorgung geht oder um die Fertigung seines Modells. Wie verhält es sich im Finanzleben? Leider ganz anders. Menschen sparen ein halbes Leben, um eine gewisse Summe zu besitzen. Dann gehen sie damit an den Markt. Das Ende vom Lied: Es wird Geld verbrannt. Viel zu häufig mussten wir uns entsprechende Erlebnisberichte anhören. Das ist schade, aber nicht jeder kann Geld im kurzfristigen Handel verdienen. Es ist ein harter Job. Manche Banken zahlen als Arbeitgeber für diese Aufgabe Hunderttausende von Euros. Ein Händler zu sein ist nicht nur in finanzieller Hinsicht lukrativ, sondern auch mit hohem Ansehen verbunden. Warum ist das so? Sie müssen viel Druck aushalten können. Dieser Faktor wird häufig übersehen. Viele Außenstehende sehen Händler immer nur vor ihren vielen Bildschirmen sitzen. Dabei tun sie scheinbar nichts. Doch das stimmt nicht. Mit einer Position steigt der Blutdruck, Sie sind fast nicht mehr ansprechbar. Den Gang zur Kaffeemaschine überlegt man sich sehr gut, schließlich könnte etwas verpasst werden.

Hier kommen wir zur Gretchenfrage. Mein geschätzter Kollege hat mir einmal eine entscheidende Frage gestellt. Er rief mich eines Morgens an und fragte mich, in welchem Zeithorizont ich mich bewege. Diese Frage mag Ihnen vielleicht banal vorkommen, ist aber wahrscheinlich die wichtigste für Ihr Kapital und für Ihre Psyche.

Haben Sie sich schon einmal gefragt, in welchem Zeithorizont Sie sich bewegen wollen? Ist es eine Minute oder sind es 15 Minuten? Gute Handelsansätze funktionieren stets in allen Zeithorizonten, aber die Handelstechnik und das Money-Management ändert sich ein wenig. Und da sind wir genau bei dem Hauptthema. Ob Sie es lesen wollen oder nicht, aber circa 70 Prozent der gescheiterten Händler sind am falschen Money-Management zugrunde gegangen. In unseren Seminaren gehen wir explizit darauf ein. Wir merken aber meist sehr schnell, dass die Zuhörer sich nach zwei Stunden langweilen. Verständlich einerseits, andererseits ist es mit das wichtigste Thema.

Mit einem guten Money-Management kann jeder Händler entspannt leben. Es kommt immer mal vor, dass man sich hinsichtlich einer Position nicht sicher ist. Das ist normal und gehört zum Geschäft. Aber jede Position, die Sie eingehen, sollte vorher genau kalkuliert werden. Damit meine ich das Money- und Risk-Management. Zunächst geht es darum, die Trades zu identifizieren, deren Risiko kalkulierbar sind.

Der Traum eines jeden Händlers ist es, den Umkehrpunkt eines Trends zu erkennen. Wenn er das schafft, ist der Händler von Anfang an auf der richtigen Handelsseite. Dann wird die ganze Sache zum Kinderspiel und das Herz schlägt höher. Aber ein alter Händlerspruch lautet: „You never get the high, you never get the low“. Diese Weisheit trifft auf 95 Prozent aller Trades zu – und das ist auch gut so. Ansonsten würde der Markt von nur wenigen Akteuren beherrscht werden und letztlich sterben. Dennoch müssen wir so gut wie möglich werden. Schließlich wird auf dem Markt kein Geld produziert, sondern nur umverteilt, und wir wollen die Empfänger und nicht die Geber für den Händlerausgleichsfonds sein.

V.

GLOSSAR

Im Folgenden werden einige zentrale Begriffe aus der Welt des Handelns erklärt.

Basiswährungspaar

In einem Währungspaar wird die erste Währung Basiswährung genannt. Nehmen wir als Beispiel den USD/CHF. Der US-Dollar ist hier die Basiswährung. Gehen Sie zum Beispiel Short im USD/CHF, dann verkaufen Sie den USD und kaufen den CHF. Das ist wie damals im Urlaub in der Wechselstube. Eine Währung gibt es im Tausch für die andere.

Big Figure

Damit werden wichtige Chartmarken bezeichnet. Sie zählen zu den psychologischen Widerständen oder Unterstützungen. Wenn ein Kurs die 100er-Stelle wechselt, dann geht dies meist nicht auf Anhieb. Beispiel: Der EUR/USD fällt. Der aktuelle Kurs liegt bei 1,5003. Die Big Figure ist 1,5000. Dem Kurs wird es in der Regel schwerfallen, sofort die Big Figure von 1,5000 auf 1,4999 zu durchbrechen. Diese Hürde ist aber nur eine psychologische Grenze.

Break-even

Der Break-even ist Ihr Einstiegslevel. Es bezeichnet den Kurs, zu dem Sie Ihre Position eröffnet haben. Wenn Sie an diesem Punkt aus dem Markt gehen, dann war der Trade für Sie ein Nullsummenspiel.

Broker

Das ist ein schwieriges Thema. Welcher Broker ist der Beste? Diese Frage kann kaum beantwortet werden. Es hängt sehr stark von Ihrem Handelsprofil ab. Es gibt spezialisierte Broker, die sich nur auf die Abwicklung von FX-Geschäften konzentrieren. Es gibt aber auch Broker, über die Sie jegliche Finanzgeschäfte tätigen können. Meist sind die Konditionen bei den spezialisierten Brokern ein wenig besser, dafür sind Sie in Ihren Möglichkeiten eingeschränkt. Ein Punkt ist unbedingt anzusprechen. Größere Broker matchen (Gegenüberstellen) die Kundengeschäfte „inhouse". Das heißt, Ihre Order gelangt nicht auf den Markt, sondern wird mit der Order eines zweiten Kunden gegenübergestellt. Zum Teil werden auch die ausgeführten Kundenorders auf das „eigene Buch" genommen. Das heißt, der Broker ist Ihr Kontrahent und spekuliert mit dem Eigenbestand. Meist nutzt der Broker einen kleinen Informationsvorsprung aus und schneidet ein oder zwei Pips für sich heraus.

Carry Trade

Carry Trades waren vor der Finanzkrise ein beliebtes Geschäft, um starke Zinsunterschiede auszunutzen. Gehen wir von einem Extrembeispiel aus. Sie kaufen 1.000.000 GBP gegen JPY. Dies bedeutet, dass Sie JPY entsprechend Ihrem Hebel verkauft haben. Dafür bezahlen Sie Sollzinsen. Die Zinsen sind in Japan bekanntlich sehr niedrig. Im gleichen Gegenwert haben Sie aber GBP erworben. Dafür bekommen Sie Guthabenzinsen, die wesentlich höher sind. Sie machen also einen Zinsgewinn mit der Differenz des japanischen und des englischen Zinssatzes. Das klingt äußerst lukrativ. Als Privatanleger dürfen Sie jedoch nicht vergessen, dass Sie Ihre Position in der Regel hebeln und somit auch noch Zinsen für den EUR bezahlen müssen. Jetzt kommt Ihr Taschenrechner ins Spiel.

Noch dazu muss das Kursverhältnis gleich bleiben. Im besten Fall entwickelt sich das Kursverhältnis zu Ihren Gunsten. Dann haben Sie einen Kurs- und Zinsgewinn. Entwickelt sich der Kurs gegen Sie, wissen Sie genau, wo Ihr SL zu setzen ist, damit Ihre Position nicht Verlust einbringen wird. Ihr Taschenrechner wird Ihnen helfen.

Charts

Die visuelle Abbildung eines Kursverlaufs. Diese kann auf unterschiedliche Weise erfolgen. Die bekanntesten Chartarten sind Liniencharts, Candlestick-Charts und Barcharts. Von vielen Händlern werden Candlestick-Charts verwendet. Candlesticks haben ihren Ursprung im asiatischen Raum. Es gibt Tausende Formationen, aus denen Sie etwas ableiten können. Ich konnte noch nie etwas aus Candlestick-Charts herauslesen. Merkwürdigerweise sind bei gleichen Formationen die Handelsergebnisse verschiedener Händler unterschiedlich. Aus den einzelnen Kerzen kann ich keine Regel ableiten. Ich möchte sie nicht als nutzlos abtun, aber ich kann in diesen Charts nicht mehr als in Barcharts sehen. Barcharts hingegen sind europäischen Ursprungs – typisch Deutsch, könnte man sagen. Einfach und übersichtlich, aber durchdacht. Den Linienchart kennen Sie aus dem Fernsehen. Zum aktiven Handeln ist diese Chartform allerdings ungeeignet, weil sie wesentliche Informationen vorenthält.

Devisen/Sorten

Devisenhandel bedeutet das Tauschen von Geld. Sprechen wir über Bargeld, sind Sorten gemeint. Sprechen wir über Buchgeld, sind wir bei den Devisen. Der Spread im Sortenhandel kann bis zu 1.500 Pips betragen. Bei der Kreditkartenabrechnung (Buchgeld) werden Sie Spreads von 30 bis 100 Pips bemerken. Es ist günstiger, größere Summen bei seinem Broker mit zwei Pips Spread zu konvertieren und an ein Auslandskonto überweisen zu lassen. Firmen sparen sich damit Tausende von Euros im Jahr.

Entry

Dies ist Ihr Einstiegskurs, gleichgültig ob long oder short.

Exit

Dies ist Ihr Ausstiegskurs, gleichgültig ob long oder short.

Geld/Brief

Geld = Ich kaufe.
Brief = Ich verkaufe.
Diese Ausdrücke kommen aus dem klassischen Aktienhandel und sind ganz einfach zu erklären. Kaufe ich etwas, dann muss ich meinem Handelspartner etwas bezahlen. Verkaufe ich etwas, dann habe ich die Aktien und übergebe diese gegen Geld. Wenn ich also vier Brief Siemens bin und jemand kauft diese Aktien, dann ist der Käufer 4 Geld. Diese Begriffe wurden für die Finanzwelt allgemein übernommen, auch wenn der Devisenhandel absolut nichts mit Urkunden zu tun hat. Im Angelsächsischen werden eindeutigere Begriffe benutzt, und zwar Bid und Ask.

Indikator

Ein Indikator soll uns die Zukunft vorhersagen. Er wird berechnet auf Basis der Daten aus der Vergangenheit. In diesem

Buch finden Sie zwei auf Indikatoren basierende Handelssysteme. Von daher muss Ihnen klar sein, welche Faktoren den Verlauf eines Indikators wesentlich beeinflussen können, denn auf die Berechnung der kursrelevanten Daten kommt es an. Der Daten-Flow ist entscheidend, wie die Angelsachsen sagen würden. Es kommt auf Ihren Broker oder das Kursinformationssystem an und woher die Daten stammen. Stammen die Kursdaten von Ihrem Broker oder von den Interbanken-Handelssystemen? Werden die Indikatoren auf den Geld-, Brief- oder auf den Mittelkurs berechnet? Ich benutze ausschließlich Indikatoren, deren Berechnung auf dem Geldkurs fußt. Die einzelnen Abweichungen mögen marginal sein, aber für die Berechnung von Indikatoren sind diese entscheidend und somit auch für Ihre Handelsentscheidung.
Handelssysteme sind immer eine Kombination von verschiedenen Indikatoren. Wenn Sie sich auf nur einen einzigen Indikator verlassen, wird das schiefgehen. Es würden einfach zu viele Fehlsignale produziert werden. Der Devisenmarkt kann im kurzfristigen Bereich nur durch die Technische Analyse, zu denen eben auch die Indikatoren zählen, bestimmt werden. Woher sollten Sie als Trader wissen können, ob EUR/USD bei 1,2952 hoch oder niedrig ist? Für Trader ist es daher immens wichtig, welche Indikatoren sie in welchen Zeiteinstellungen miteinander kombinieren, damit sie dauerhaft erfolgreich sind.

Korrelation

Dieses Wort werden Sie im Zusammenhang mit dem Devisenhandel häufig hören. Korrelationen zwischen den einzelnen Währungspaaren treten täglich auf. Bitte lassen Sie sich aber nicht täuschen. Es gibt dazu keine festen Regeln. Korrelationen treten meist mit Wirtschaftsdaten auf, die einen ganzen Währungsblock schwächen oder stärken. Wird zum Beispiel der USD geschwächt, können Sie jeden Short gegen den USD eingehen, dann ist es nicht mehr die Frage, ob, sondern in welchem Währungspaar. In einen solchem Fall wählen erfahrene Händler schnellere Währungspaare. Dazu zählen sicherlich GBP und JPY.

Leverage

Der Leverage ist der Hebel, mit dem Sie Ihre Margin benutzen. Nehmen wir unser Beispiel von € 10.000. Handeln Sie jetzt mit einer Position im Wert von € 1.000.000, dann nutzen Sie einen Hebel von 100 (100 x 10.000 Euro = 1.000.000 Euro).
Zu beachten ist, dass wir von Euro sprechen. Handeln Sie zum Beispiel in AUD/USD, dann sind die 1.000.000 AUD erst in Euro umzurechnen, da Ihr Konto auch in Euro geführt wird. Was viele Anleger vernachlässigen, ist die Tatsache, dass der Hebel-Handel bedeutet, beim Broker einen Kredit aufzunehmen. Dafür müssen auch Zinsen bezahlt werden. Halten Sie eine Position über längere Zeit, kann dies teuer werden. Es kann aber auch Gewinne bringen.

Limit

Es gibt viele Handelsstrategien. Eine davon ist, sich nach dem Motto „Erst wenn wichtige Marken durchbrochen werden, ist es Zeit, in den Markt zu gehen“, in den Markt einstoppen zu lassen. An diesen Marken werden Stopps gesetzt. Letzten Endes ist es nur ein Limit, aber im Laufe der Zeit wurde der Begriff Stopp geprägt. Der Unterschied zum Limit besteht darin, dass bei der Platzierung eines Limits außerhalb des aktuellen Preises dieses sofort ausgeführt werden würde. Die Stop-Order wird nur exakt zu dem gewählten Kurs ausgeführt.

Majors

Mit Majors bezeichnet man die wichtigsten Währungen am Markt. Dazu zählen USD, EUR, CHF, JPY und GBP.

Margin

Die Margin ist einfach gesagt Ihre Kapitalhinterlegung bei einem Broker. Zahlen Sie 10.000 Euro auf Ihr Konto ein, dann haben Sie eine verfügbare Margin von 10.000 Euro. Diese Margin können Sie für den Handel Ihrer Positionen einsetzen. Wie Sie mit dieser Margin umgehen, wird von Ihrem Money-Management bestimmt.

Margin Call

Ein unangenehmes Thema, aber man sollte es nicht verschweigen. Einen Margin Call bekommen Sie, wenn Ihre Kapitaleinlage unter einen gewissen Prozentsatz oder eine absolute Grenze rutschen sollte. Dieser Fall darf nie eintreten. Ich betone noch einmal: Nie. Er ist zu vergleichen mit einer roten Karte beim Fußball. Der erste Margin Call ist meist nur eine Aufforderung, die Position glattzustellen oder zu reduzieren. Beim zweiten werden Sie zwangsliquidiert, egal wie Ihre Position steht.

Nicknames

Für viele Währungspaare gibt es neben den offiziellen Bezeichnungen auch inoffizielle. Der Ausdruck Greenback ist

jedem geläufig und steht für den USD. In der Vergangenheit waren alle Dollar-Geldscheine grün. Neben dem grünen 1-USD-Geldschein finden Sie bei der US-Währung heutzutage eine breite Farbpalette.
Häufig werden Sie auch auf das Wort „Cable“ stoßen. „Cable“ steht für das GBP. Der Name geht auf die erste transatlantische Kabelverbindung zwischen den USA und England zurück, welche 1865 verlegt wurde. Dieses Kabel vereinfachte die Kommunikation zwischen den Kontinenten und somit auch den Handel. Seitdem nennt man das GBP „Cable“.
Der Begriff „Kiwi“ erklärt sich von selbst. Kiwis stammen aus Neuseeland, somit ist der NZD gemeint.
Mit Aussie ist der australische Dollar (AUD) gemeint
CAD, Loonie oder Canadian Dollar (CAD). Umgangssprachlich heißt der Kanadische Dollar buck (eng.) oder piastre (frz.). Ein weiterer Name ist loonie (eng.) oder huard (frz.), womit sowohl die 1-Dollar-Münze als auch stellvertretend die Währung insgesamt gemeint ist.
Der Name leitet sich von der Abbildung eines Eistauchers (englisch loon, französisch huard) auf der Rückseite der Münze ab.
Von China und auch von der Landeswährung wissen die Menschen im Westen relativ wenig. Viele behaupten, der Name der Landeswährung sei Yuan, doch weit gefehlt. Bitte nehmen Sie sich die Zeit, um zu verstehen, wie die chinesische Währung aufgebaut ist.
Vorweg gesagt: Die Bezeichnung für die chinesische Währung ist Renminbi.
Die Erklärung, woher der Ausdruck Yuan stammt, anbei aus dem Lexikon:

„Es existieren Geldscheine zu 100, 50, 20, 10, 5, 2 und 1 Yuan, 5, 2 und 1 Jiao und 5, 2 und 1 Fen. Geldstücke existieren zu 1 Yuan, 5 und 1 Jiao, 5, 2 und 1 Fen. Scheine und Münzen mit Fen-Werten sind mittlerweile extrem selten.
In aller Regel lauten alle Preise auf volle Jiao, Ausnahme sind manche Supermarktpreise mit einer Endung auf 5 Fen – also beispielsweise 2,45 Yuan. Diese Preise werden letztendlich dann jedoch an der Kasse auf einen vollen Jiao abgerundet – dann also 2,40 Yuan.
Münzen in Fen-Werten erhält man eigentlich nur beim Wechsel von Fremdwährung in Yuan – denn dabei wird nicht gerundet. Mit diesen Münzen kann man danach allerdings – wegen der oben beschriebenen Rundung – praktisch nichts anfangen.
Erstaunlich ist auch, dass es regional unterschiedlich ist, ob von den kleinen Werten Münzen oder Scheine verwendet werden. Während in Shanghai praktisch ausschließlich 1-Yuan-Münzen im Umlauf sind und die entsprechenden Scheine zwar akzeptiert werden, nicht jedoch im Wechselgeld auftauchen, ist es in Qingdao genau anders herum. In Qingdao ist die 1-Yuan-Münze eine absolute Rarität, der entsprechende Schein dafür alltäglich. Sogar Scheine in Jiao-Werten sind in Qingdao noch im Umlauf.“ *

Order

Eine Order ist keine Bitte an Ihren Broker, sondern ein Befehl. Die Ausführung Ihrer Orders sind die Grundlage für das Vertrauen in Ihren Broker. Die wichtigste Order ist die Market-Order. Übersetzt bedeutet sie, man trifft einen Entschluss für eine Position und kauft oder verkauft „on the spot“, nicht zu irgendeinem Zeitpunkt, sondern jetzt, zum aktuellen Preis.

* Quelle: http://de.enc.tfode.com/Renminbi_Yuan

Alle anderen Orders planen Sie zunächst nur. Ich will prinzipiell nicht, dass mein Broker meine Orders im Markt sehen kann. Wenn es so weit ist, werde ich auf die Maustaste drücken. Meine Gedanken wird aber kein Broker im Vorfeld sehen können und meine Limit-Order wird im richtigen Moment zur Market-Order.

Pip

Pip ist eine Abkürzung und steht für „Percentage in Points". Früher beschrieb ein Pip einfach die vierte Nachkommastelle eines Währungspaares. Nehmen wir an, dass sich EUR/USD von 1,5012/13 auf 1,5013/14 bewegt hat, dann ist der Kurs um einen Pip gestiegen. Das hat sich aber ein wenig gewandelt. Zum einen zeigen die meisten Broker fünf Kommastellen an und zum anderen mutierte diese Bezeichnung einfach zur Benennung der letzten Kommastelle eines Währungspaares. Nehmen wir beispielsweise EUR/JPY. Der JPY wird gegen den EUR nicht 1:1 gehandelt, sondern im Verhältnis 1:100. Daher entfallen zwei Kommastellen bei der Kursnennung. Deshalb hat sich das Wort Pip für die letzte Kommastelle eingebürgert.

Spread

Ein wichtiger Punkt. Der Spread beschreibt die Kursspanne zwischen An- und Verkauf. Er ist die Hauptverdienstmöglichkeit für den Broker. Von Broker zu Broker fällt diese Spanne unterschiedlich groß aus. Die umsatzstärksten Währungspaare haben gewöhnlich einen sehr engen Spread. Seltene, exotische Währungspaare können einen Spread von bis zu 100 Pips aufweisen.

Stop-Loss oder nur Stopp

Dieser Begriff ist im Grunde selbsterklärend. Dennoch werden in dieser Hinsicht viele Fehler gemacht. Ein Stop-Loss (auch „SL“ genannt) begrenzt natürlich Verluste. Folgendes ist jedoch zu beachten: Es kommt auf die Spielregeln Ihres Brokers an.

Wann wird der SL aktiviert? In der Regel wird Ihre Order ausgeführt, wenn der Kurs Ihren Stopp berührt. Es kann Ihnen aber passieren, dass in volatilen Phasen der Spread ausgeweitet wird.

Daher ist es wichtig, den richtigen Broker zu wählen. Viele Broker bieten Ihnen die Möglichkeit, einen SL bei Geld oder Brief einzugeben. Bei dieser Variante wird Ihr SL erst bei Erreichen des Geld- oder Briefkurses ausgeübt.

Trailing Stop

Ein sehr interessanter Punkt und ein gutes Handelsinstrument. Im Prinzip wird eine Stop-Loss-Order mit dem Markt nachgezogen. Die Eingabe erfolgt bei vielen Brokern mit der Bezeichnung „Abstand zum Markt“. Wenn Sie diese Orderart wählen und einen „Abstand zum Markt“ von 20 Pips wählen, dann wird dieser von dem niedrigsten oder höchsten Punkt des Marktes gemessen. Einfaches Beispiel: Sie gehen short EUR/USD bei 1,5055, der Kurs fällt auf 1,5035 und Sie geben einen Trailing Stop mit einem Abstand von 20 Pips ein. Fällt der Kurs weiter auf 1,5025, wird der Trailing Stop auf 1,5045 automatisch nachgezogen. Steigt der Kurs aber wieder, dann könnte es geschehen, dass Sie bei 1,5045 ausgestoppt werden. Der Gewinn von zehn Pips war Ihnen sicher, aber Sie haben 20 Pips verschenkt. Meiner Ansicht nach sollte ein Trailing

Stop nur verwendet werden, wenn Sie nicht anwesend sein können und eine Position weiter laufen lassen wollen. Ansonsten gilt für mich das oberste Gebot: Habe ich eine Position, sitze ich vor dem Bildschirm, habe ich keine, kann ich mich frei bewegen.

Währungspaar

Dieser Begriff ist bekannt, dennoch gibt es manchmal Missverständnisse. Prinzipiell besteht ein Währungspaar aus einer Basiswährung und einer weiteren Währung. Die Basiswährung wird zuerst genannt. Oft wird in den Medien davon gesprochen, dass der USD wieder gestiegen ist. Gemeint war, dass der EUR/USD gestiegen ist. Geschehen ist genau das Gegenteil: Der EUR ist gestiegen und der USD hat an Wert verloren. Bitte beziehen Sie Ihre Aussagen immer auf das Basiswährungspaar.

Widerstand / Unterstützung

Diese Begriffe werden sehr häufig falsch verwendet. Fällt ein Kurs und wird aufgehalten, befindet er sich an einer Unterstützung. Steigt ein Kurs auf ein bestimmtes Niveau und verharrt dort, ist er an einen Widerstand gestoßen. Gehen Sie an der Forex eine Position ein, handeln Sie immer zwei Währungen. Das heißt logischerweise, dass Sie in einer Währung long und in der anderen short sind.

Volatilität

Diese wünscht sich jeder moderne Händler. Es gibt nichts Schlimmeres als einen bewegungslosen Handel. Starke Schwankungen sind daher ein Fest für Daytrader.

Die Volatilität drückt die Schwankungsbreite in einer gewissen Zeitspanne aus. Sehen Sie ein ausgeprägtes Zickzack im Chart, drückt das nur aus, wie sehr sich der entsprechende Markt in Disharmonie befindet. Legen Sie einen gleitenden Durchschnitt in den Chart, ist dieser meist eine gerade Linie ohne Störungen. Warum gibt es diese Volatilität? Weil es Nachrichten und unterschiedliche Orders gibt. Meiner Ansicht nach strebt der Markt immer nach Harmonie. Diese ist aber nur selten gegeben und stellt sich nur für kurze Zeit ein.

DANKSAGUNG

Es ist an der Zeit, den Menschen zu danken, die dieses Buch möglich gemacht haben. Als Händler verlangen Sie von ihren Mitmenschen sehr viel Verständnis. Ohne entsprechenden Lebenspartner ist dies nicht denkbar. Deshalb ein „Hutziehen“ für Agata Janik, meine Lebenspartnerin und Händlerin für Forex-Sun. Sie ist eine der wenigen Frauen, die sich in dieser Männerdomäne des Handelns durchgesetzt hat.
Ein Dank geht natürlich an meine Familie, meinen Vater Heinz und meinen Bruder Michael, die mich stets in jeder Hinsicht unterstützt haben. Das Buch wurde in einer für mich persönlich schwierigen Zeit geschrieben. Ohne ihren Beistand wäre es nicht entstanden. Des Weiteren möchte ich mich bei Michael für den Beitrag „Automatische Handelssysteme“ bedanken. Er ist auf diesem Gebiet ein echter Experte. Keiner hätte es besser schreiben können.
Für den Börsenbuchverlag hat Martina Köhler die Gestaltung und den Satz übernommen, Claus Rosenkranz hat das Manuskript lektoriert. Herzlichen Dank dafür.
Aber nun zu der Person, die die eigentliche Arbeit gemacht hat: Simon Bardt, der Mann im Hintergrund, der alles korrigiert und geordnet hat. Ich übergab ihm mein Chaos-Skript und er machte ein kleines Buch daraus und hat mir einen Wunsch erfüllt. Daher möchte ich ihm besonders danken. Nicht nur für seine Freundschaft, sondern auch für die akribische Mühe, die er aufgebracht hat. Er ist fachlich wie auch menschlich einer von den Guten. Ich habe noch nie in meinem Leben einen Menschen getroffen, der mit Worten so umgehen kann wie er. Im Prinzip hat er dieses kleine Buch geschrieben. Vielen Dank, Simon!

Kay Brendel – Der Forex-Millionär

Im Web ist Kay Brendel bereits Kult. Er lieh sich von einem Bekannnten 1.000 Euro, wollte daraus an der Börse eine Million machen und ließ die Web-Gemeinde an seinen Trades teilhaben. Lesen Sie diese spannende und wahre Geschichte, wie aus einem Abenteurer ein professioneller Day-Trader wurde – und erfahren Sie, ob es mit der Million geklappt hat…

176 Seiten / gebunden / ISBN: 978-3-941493-77-3 / 24,90 €

Devin Sage – Besser traden mit X-Sequentials

Die X-Sequentials-Chartanalyse teilt das Kursgeschehen in zwei Grundmuster ein: das X5-Muster und das X7-Muster. Mithilfe dieser Muster können für den folgenden Kursverlauf exakte Kursziele und Zeitziele ermittelt werden und der Trader kann sich entsprechend im Markt positionieren. Die innovative Methode – erstmals in Buchform!

128 Seiten / broschiert / ISBN: 978-3-941493-80-3 / 29,90 €